Jean Watson

# Corrie – die Tochter des Uhrmachers

FRANCKE
Verlag der Francke-Buchhandlung GmbH

Die Deutsche Bibliothek – CIP-Einheitsaufnahme

**Watson, Jean:**
Corrie – die Tochter des Uhrmacher / Jean Watson. [Dt. von Lotte Bormuth].
– Marburg an der Lahn : Francke, 2001
(Francke-Lesereise)
ISBN 3-86122-486-0

Originaltitel: The Watchmaker's Daughter
© 1995 by Jean Watson
Published by William Neill-Hall Ltd, England
© der deutschsprachigen Ausgabe
2001 by Verlag der Francke-Buchhandlung GmbH
35037 Marburg an der Lahn
Deutsch von Lotte Bormuth
Umschlaggestaltung: Reproservice Jung, Wetzlar
Satz: Verlag der Francke-Buchhandlung GmbH
Druck: Wiener Verlag, Himberg, Österreich

Francke-Lesereise

# Inhaltsverzeichnis

# 1. Als kleines Schulmädchen

Das kleine Mädchen rannte über das Straßenpflaster. Eine Hand hielt den offenen grauen Mantel zusammen, die andere Hand musste den breitrandigen Hut auf dem Kopf festhalten. Um sie herum erhoben sich die hohen schmalen Häuser von Alt Haarlem. Eng waren sie aneinander gebaut, und ihre steilen Dächer und schiefen Schornsteine ragten gegen den graublauen Himmel empor.

Die Schule war nun für einen Tag lang vorüber. Sie hatte sich schon daran gewöhnt, aber nie konnte es dort so schön sein wie daheim. Daheim! Daheim! Daheim! Das Wort klang in ihrem Kopf, als sie mit ihren schwarzen Schuhen die Straße entlanglief. Jetzt war es nicht mehr weit. Sie ging mit festem Tritt über das Kopfsteinpflaster des Markplatzes. Er war von schönen, alten Häusern umrahmt. Dann bog sie in eine andere Straße ein.

Dort stand das hohe, enge Eckhaus gegenüber dem Pelzgeschäft. Sie beeilte sich, den Bäckerladen, die Modeboutique und das Optikergeschäft hinter sich zu lassen, und stand dann keuchend und schnaufend vor dem Laden ihres Großvaters. Ein kleines weißes Schild trug die Inschrift: „ten Booms Uhren". Sie schaute durch das Fenster.

„Zum Glück sind keine Kunden drin!", dachte sie und stieß die Tür auf. Die Glocke läutete, ihr Vater schaute auf und lächelte. Er stand vor einer Glasvitrine, in der viele Uhren lagen.

„Ach, Corrie", begrüßte er sie und legte das, was er gerade in Händen hielt, nieder. In diesem Raum, wo so viele Uhren tickten, fühlte sich Corrie immer glücklich. Sie lief auf ihren Vater zu und kuschelte sich an ihn. In seinen starken Händen fühlte sie sich geborgen. Der Geruch seiner Jacke drang in ihre Nase. Sie liebte ihn. Auch seinen Bart mochte sie, wenn er auf ihrer Wange kratzte. Nach einer kurzen Weile ließ er sie wieder los und fragte: „Na, hattest du heute einen guten Tag?"

„Ja, danke, Vater. Ich lese gerade ein neues Buch. Waren heute viele Kunden hier?"

„Nicht so viele, Corrie. So blieb mir Zeit, Reparaturen zu erledigen." Er nahm die Uhr wieder in die Hand, die er vorhin weggelegt hatte. Mit einem warmherzigen Lächeln schaute er Corrie an. Sie erwiderte seinen Blick.

„Die Uhr ist so wundervoll, Papa", rief sie aus.

„Ja, du hast Recht", stimmte er ihr zu. „Herr Smit, der Besitzer, wird sehr glücklich darüber sein, wenn er sie wieder abholen kann. Ihm war nämlich von einem Uhrmacher in Amsterdam gesagt worden, dass sie nicht mehr repariert werden könnte. Aber nun läuft sie wieder."

Corrie war gar nicht überrascht. Ihr Vater war nämlich der beste Uhrmacher in ganz Holland, dessen war sie sich sicher.

Sie hatte ihn oft bei der Arbeit beobachtet. Manchmal hielt er für einen Moment inne und sagte leise: „Herr, ich habe ein Problem mit der Uhr. Du verstehst viel mehr von Uhren, als ich es tue. Ich bitte dich, hilf mir!" Danach nahm er behutsam die kleinen Einzelteile in seine Hände und baute sie wieder ins Uhrwerk ein.

Die Ladentür klingelte und ein Herr trat ein.

„Ich sehe dich später wieder, Papa", rief Corrie und zog sich in den hinteren Teil des Ladens zurück, während ihr Vater den Kunden begrüßte.

Leise schlich sie durch die Werkstatt, um ja nicht den Lehrling zu stören, der fleißig an seiner Werkbank arbeitete, und ging in die Diele. Ein kleines Mädchen, nicht älter als sie selbst, stand da und knöpfte sich seinen Mantel auf.

„Hallo, Nollie", sagte Corrie. Dann rief sie: „Mama, ich bin wieder daheim! Wo bist du?"

„Im Schlafzimmer", antwortete eine Stimme von oben.

„Häng erst mal deinen Mantel auf!", mahnte Nollie in einem fürsorglichen Ton. „Und wo ist dein Hut? Sag ja nicht, du hättest ihn wieder irgendwo liegen gelassen!"

„Er ist mir bestimmt vom Kopf gerutscht, als ich Papa umarmt habe. Ich werde ihn später suchen", antwortete Corrie unsicher. Sie zog ihren Mantel aus, warf ihn über einen Haken und ging die Stufen hinauf. Hinter ihr stand Nollie und hing den Mantel ordentlich in der Flurgarderobe auf.

Corrie polterte die eng gewundene Treppe hinauf und summte fröhlich eine Melodie.

„Du bist ja wirklich da, Corrie!" Eine ernste Stimme unterbrach ihr Lied, als sie auf ihrem Sprung nach oben war.

„Es tut mir Leid, Tante Bep", sagte das Mädchen und trat zur Seite. Verbissen und streng schaute ihre Tante drein. Sie war schlecht gelaunt. Unter ihren blauen Augen zeigten sich dunkle Ringe. Sie stellte sich hinter ihre Nichte und sagte in nicht gerade freudigem Ton: „Wann willst du es endlich lernen, im Haus nicht so viel Krach zu machen? Die Kinder von Wallers benehmen sich nicht so ungehörig."

Corrie stieg die restlichen Stufen zum ersten Stockwerk langsameren Schrittes hoch und trat dann in ein kleines Schlafzimmer.

An einem Tisch dicht unter dem Fenster saß eine Frau mit schwarzem, lockigen Haar. Ihr Gesicht war feingliedrig und ihre blauen Augen leuchteten. Sie drehte ihren Stuhl herum, als Corrie hereinkam. Das kleine Mädchen stürzte sich in ihre Arme und kuschelte sich ganz bequem auf ihren Schoß.

„Wie geht es meiner Jüngsten?"

„Danke, Mama, mir geht es gut. Ich habe zehn Sprünge ohne Unterbrechung mit dem Seil geschafft, und der Lehrer war auch mit meinen schriftlichen Arbeiten zufrieden!"

„Mein liebes Kind, soll ich dir mal sagen, wo ich heute gewesen bin? Ich habe das neugeborene Töchterchen von Frau und Herrn van Dyers besucht. Es ist ein so süßer, kleiner Schatz. Ich habe ihm deinen Schal, den du als Baby getragen hast, und einige Söckchen, die Tante Bep für euch gestrickt hat, geschenkt."

Als der Name der Tante erwähnt wurde, zog Corrie die Stirn in Falten. „Ich bin es leid, immer von den Waller-Kindern zu hören!", polterte sie los.

Ihre Mutter strich ihr behutsam über das dunkelblonde Haar

und beruhigte sie: „An deiner Stelle würde ich mich davon nicht ärgern lassen, Corrie!"

„Dauernd erzählt sie von ihren Kindern!"

„Ich weiß, mein Liebling, aber versuch es zu verstehen, dass meine Schwester früher einen schweren Stand als Kindermädchen gehabt hat. Nun ist sie alt und schwach, sie braucht jetzt deine Liebe und Hilfe."

„Ja, du hast Recht. Ich will daran denken und mein Verhalten ändern. Geht es dir heute gut?"

„Ja, danke. Ich bin nur ein bisschen müde. Ich will mich ein wenig hinlegen und mich ausruhen. Aber ich will noch an Frau Beuker einen Gruß schreiben. Sie hat morgen Geburtstag. Ich werde sie besuchen und ihr ein Glas Marmelade von Tante Anna mitnehmen."

Plötzlich verspürte Corrie Hunger.

„Ich denke, ich will mich ums Kochen kümmern", schlug sie vor, stand auf und ging zur Tür.

Mit einem Lächeln auf dem Gesicht lobte ihre Mutter sie: „Das ist aber sehr nett von dir!"

Corrie stieg die Stufen zum Erdgeschoss wieder hinunter.

„Hallo Tante Anna", rief sie und stürmte in die Küche zum klobigen schwarzen Ofen, wo ihre Tante in einem großen Kochtopf rührte. Ihr Gesicht war ganz rot von Anstrengung. Die Ärmel hatte sie sich hochgekrempelt. Um ihre Taille war eine blitzsaubere Schürze gebunden.

Tante Anna war gekommen, um ihrer Schwester, Cor, nach der Geburt ihres ersten von zehn ten Boom-Kindern zu helfen, und gehörte seitdem zur Familie.

„Du bist natürlich hungrig wie immer, vermute ich", sagte sie und lächelte dabei ihre jüngste Nichte an.

„Ich sterbe noch vor lauter Hunger", betonte Corrie laut und deutlich. „Mm, dieser Schmorbraten duftet aber herrlich."

„Komm bitte und pass auf das Essen auf!" Tante Anna drückte ihr den Holzlöffel in die Hand. Dann lief sie geschäftig zum Küchentisch und begann, das Gemüse klein zu schneiden. Während Corrie das Essen umrührte, beobachtete sie ganz genau ihre Tante, wie sie geschickt mit dem Messer hantierte.

Nach einem kurzen Augenblick meinte sie: „Wenn ich doch nur daheim bleiben und dir helfen könnte, anstatt zur Schule zu gehen!" Die Tante musste lachen.

„Ich könnte dich auch sehr gut hier gebrauchen. Es ist recht komisch, dass ich niemanden um mich herum habe, der mir die Schüsseln ausleckt und mich mit Fragen bombardiert. Ich muss mich erst an den Gedanken gewöhnen, dass du jetzt zur Schule gehst. Es kommt mir gerade so vor, als sei es erst gestern gewesen, dass ich dich kleinen Schatz in meine Schürze gewickelt und dich bei meiner Arbeit in der Küche herumgetragen habe."

Corrie zog eine Schnute. Immer wieder musste sie es sich anhören, dass ihre Tante die Wiege für sie gerichtet hatte, als sie das Licht der Welt erblickte.

„Schön, dass du dich hier nützlich machst, kleines Schwesterlein", klang eine freundliche Stimme vom Flur herüber.

„Betsie!" Corrie drehte sich mit strahlendem Gesicht zu ihrer hübschen Schwester mit ihren kastanienbraunen Locken und braunen Augen. Sie war schon ein Teenager.

„Hallo Betsie!", begrüßte Tante Anna sie. „Ist Willem auch zurück?"

„Ich denke schon, Tante Anna. Soll ich den Tisch für dich decken?"

„Ja, bitte, Liebling. Heute sind keine Besucher zum Abendbrot, so dass wir heute neun Personen sind, wenn es Jans nicht vorzieht, in ihrem Zimmer zu speisen."

„Ist sie krank?", fragte Betsie.

„Nein", antwortete ihre Tante. „Sie wird nur sehr müde sein, wenn sie vom Einkaufen zurückkommt."

„Vom Einkaufen!", wiederholte Betsy bestürzt. „Ich hoffe nur, dass sie nicht schon wieder Hüte und Kleider für uns kauft!"

Corrie war es gleichgültig, was sie anzog. Es musste nur bequem sein und durfte sie nicht noch kleiner machen. Aber ihre Schwestern hatten ihre eigenen Vorstellungen, was sie anziehen wollten, und das unterschied sich beträchtlich von den Wünschen ihrer Tante!

„Wenn Tante Jans schon ihr Geld für dich opfert, dann solltest du dankbar sein", tadelte Tante Anna ein wenig. Betsie errötete und antwortete schnell: „Ja, ich weiß, sie ist sehr großzügig, aber ich hätte so gerne hübsche leuchtende Farben."

„Vielleicht tut sie dies auch", wandte Corrie zuversichtlich ein. Sie hasste es, wenn sich ihre Schwester aufregte. Betsie lächelte sie an. Dann ging sie zur Tür. „Also, ich werde für neun Personen decken."

„Danke dir", lobte sie Tante Anna. Sie füllte das Gemüse in eine Schüssel, ging zum Kochtopf auf dem Herd und schüttete alles ins siedende Wasser. Corrie reichte ihr wieder den Holzlöffel und schaute ihrer Tante zu, wie sie alles umrührte. Dabei dachte sie an die dritte Schwester ihrer Mutter, Tante Jans, die in die zwei großen vorderen Zimmer im zweiten Stock nach dem Tode ihres Mannes eingezogen war.

„Sie will freundlich sein und sie ist klug", dachte sie, „aber ich wünschte, sie wäre nicht so beherrschend. Was für ein Aufhebens sie macht, wenn sie mal krank ist! Mama ist oft krank, aber sie lässt es sich kaum anmerken."

„Könnten du und Nollie nicht ein bisschen Käse aus dem Laden holen?", fragte Tante Anna.

„Natürlich", sagte Corrie, „ich will erst mal gehen und schauen, wo Nollie ist." Sie ging in die Diele. Aus der Werkstatt kam ein Junge. Er war ein bisschen jünger als Betsie und hielt ein Buch in der Hand.

„Weißt du, wo Nollie ist, Willem?", fragte Corrie ihn.

Er blickte etwas ernst drein und antwortete: „Ich glaube, sie ist auf der Straße." Das war der Ort zwischen den Häusern, wo die ten Boom-Kinder spielten, weil sie nämlich keinen Garten besaßen.

Corrie ging zur Seitentür und rief nach Nollie: „Tante Anna möchte, dass wir etwas Käse für sie kaufen." Nollie schoss mit einem Ball.

„Achtundvierzig, neunundvierzig, fünfzig", zählte sie. Dann hörte sie mit dem Ballspielen auf und sagte: „Ist schon klar!"

Corrie hüpfte neben ihrer Schwester her. Die Bürgersteige waren ganz schön bevölkert und auf der Straße fuhren eine Menge Fahrräder. Gelegentlich mischte sich das Klingeln der Fahrradglocken mit dem Klappern der Pferdehufe und dem Rumpeln der Räder, wenn sich die von Pferden gezogenen Busse durch die Straßen bewegten.

Die Mädchen kauften ein Stück goldgelben Käse und begaben sich wieder auf den Heimweg. In dem Augenblick wurden sie auf eine kleine Gruppe von Kindern aufmerksam, die sich anscheinend über jemanden lustig machte. Sie stürzten nach vorne, um zu sehen, was los war.

Da stand der „verrückte Thys", wie ihn alle nannten. Corrie hatte oft gesehen, wie der behinderte Junge in schäbiger Kleidung auf der Straße ging. Jetzt war er stehen geblieben und blickte entsetzt und hilflos drein, als die Kinder um ihn herum ihre hässlichen Bemerkungen machten und ihn auslachten.

Corrie war zunächst traurig und dann ärgerlich. „Hört auf! Lasst ihn in Ruhe!", schimpfte sie.

Plötzlich wurde es ganz still. Die Kinder wandten sich um und horchten, woher diese Stimme kam, und sahen ein kleines Mädchen mit zornig blitzenden blauen Augen. Der verrückte Thys schaute sie auch an. Dann trat er an sie heran und gab ihr einen Kuss. Dabei dachte sie, dass er doch etwas komisch rieche. Nollie nahm sie bei der Hand und zog sie weg.

„Beeil dich", rief sie und zerrte ihre kleine Schwester, so schnell sie konnte, durch die Straße.

Zu Hause angekommen, zog Nollie ihre keuchende Spielgefährtin ins Haus, wobei sie rief: „Kommt mal alle schnell her! Der schmutzige Thys hat unsere Corrie abgeküsst. Los, wir müssen sie abwaschen!"

Corrie war sehr betroffen.

Tante Jans kam die Treppe herunter und war auf dem Weg zu ihren Nichten. Sie hatte es sehr eilig. Tante Bep trat aus dem

Esszimmer hinzu. Sie nahmen Corrie mit in die Küche und schrubbten ihre Backen. Dabei wollten sie von Nollie erfahren, was denn passiert sei.

Sobald die Tanten sie wieder losgelassen hatten, rannte Corrie die Treppe hinauf zu ihrer Mutter, die sich hingelegt hatte. Corrie kroch zu ihr ins Bett und schmiegte sich an sie. Ihr Erlebnis kam ihr sprudelnd über die Lippen. Schließlich sagte sie: „Mama, was war daran so schlimm, dass mich der verrückte Thys geküsst hat? Die anderen haben sich nämlich alle über ihn lustig gemacht."

„Meine liebe Corrie", tröstete sie die Mutter und streichelte ihr dabei die roten Wangen, „Jesus hat dir diese Liebe für den armen Thys und für andere solcher Menschen ins Herz gegeben. Darüber bin ich froh. Aber manchmal kommt es vor, dass Menschen, die Jesus noch nicht kennen und lieben, Böses tun und solch arme behinderte Menschen verachten. Am besten hältst du dich fern von ihnen. Für Thys aber solltest du beten."

Corrie fühlte sich jetzt etwas wohler.

Bald war es nun Zeit für das Abendbrot. Als neun Personen um den ovalen Esszimmertisch saßen, schloss Corries Vater die Augen und betete: „Herr, wir danken dir für dieses Mahl und wir bitten dich um deinen Segen für unsere Königin. Lass doch auch bald den Herrn Jesus wiederkommen. Amen!"

Dann fing man an zu essen und sich dabei zu unterhalten. Corrie fühlte sich ein bisschen bekümmert, deshalb beteiligte sie sich kaum am Gespräch, sondern stocherte nur in ihrem Essen herum.

„Konntest du alle deine Einkäufe erledigen, Jans?", fragte Corries Mutter. Betsie und Nollie schauten sich an.

„Ja, danke, Cor", antwortete ihre Schwester. „Ich habe mir einen warmen Mantel gekauft, dazu einen Hut und einen Schal. Hoffentlich werde ich mich in diesem Winter nicht so oft erkälten, wenn ich in zugigen Kirchhallen sprechen muss."

Corrie merkte, wie ihre Schwestern erleichtert aufblickten. Dann bemerkte Nollie: „Unser Lehrer hat uns heute etwas Lustiges gesagt. Er behauptete, Hollands ältester Feind und sein bester Freund sei das Wasser."

„Stimmt", bemerkte ihr Vater. „Durch das Wasser wird Holland zu diesem grünen und fruchtbaren Land." Corie wollte gerade fragen, was denn „fruchtbar" bedeute, als Willem ausführte: „Das kommt daher, dass es so viele gute holländische Ingenieure und Baumeister gibt. Deshalb glaube ich, dass das Wasser mehr Freund als Feind ist."

„Solange es da bleibt, wo wir es haben wollen, und unser Land nicht überflutet", meinte Betsie.

„Wenn wir gerade von Land sprechen", warf Tante Jans ein, die ziemlich ungeduldig gewartet hatte, bis sie auch etwas sagen konnte, „hat jemand von euch diese neuen Häuser am Rande von Haarlem schon gesehen?"

So ging das Erzählen munter weiter. Die leeren Teller wurden abgeräumt und ein köstlicher Zitronenpudding wurde aufgetragen, den sich alle schmecken ließen.

„Es war wieder einmal ein herrliches Essen, Anna", sagte Corries Vater. „Danke, Casper", erwiderte seine Schwägerin.

Corrie sah zu, wie ihr Vater die große schwarze Familienbibel holte und aufschlug. Er behandelte sie, als sei sie eine ganz wertvolle Uhr.

An diesem Abend schlug er sie fast in der Mitte auf und las einen Trostpsalm. Er sagte noch ein paar Worte dazu und betete dann.

Corrie fühlte sich wieder viel besser. Wenn der liebe Gott und Papa sagen, dass man sich nicht fürchten müsse, dann genügte ihr das.

Als sie zu Bett ging, war sie vergnügt wie sonst auch. Sie schlief zusammen mit Nollie im dritten Stock. Dort lagen noch vier andere kleine Schlafzimmer, die Betsie, Willem, Tante Bep und Tante Anna gehörten. Corrie zog sich ihr Nachthemd an und rief dann die Treppe hinunter: „Papa, ich bin so weit!" Als er in ihr Zimmer kam, war sie schon in ihrem Bett und wartete darauf, dass er mit ihr betete.

Er kniete nieder und sie sprach: „Lieber Herr, segne Mama und lass sie wieder gesund und stark werden. Und bitte segne Papa, Betsie, Willem, Nollie und mich und die Tanten und alle unsere Freunde. Und ich bitte dich auch, dass du den armen verrückten Thys segnest."

Ihr Vater stand auf, gab ihr einen Kuss und umarmte sie. „Gute Nacht, Corrie, ich liebe dich!", sagte er und legte dabei seine Hand auf ihre Wange.

Sie lag ganz still da und hätte es am liebsten gehabt, das Gefühl seiner Nähe immer zu verspüren. Er verließ ihr Zimmer und ging dann die Treppe hinunter. In wenigen Minuten war sie glücklich eingeschlafen.

# 2. Als kleiner Tunichtgut

Der Herbst in Haarlem verbreitete seinen eigenen Zauber, wenn die Blätter an den Pappeln sich golden färbten, die Straßenlaternen früher angezündet wurden und dann seltsame Schatten warfen. Corrie spielte dann meistens drinnen.

„Neunundneunzig, hundert. Ich komme – fertig oder nicht!", rief sie, öffnete ihre Augen, begann den langen Chorgang entlangzulaufen und schaute immer nach rechts und links in die Bankreihen, ob sie etwas von ihrer Freundin Dot entdecken könnte.

Plötzlich tauchte ein Kopf am Ende einer Bankreihe auf. Im nächsten Augenblick rannten die beiden Mädchen ausgelassen kichernd den Gang entlang.

„Ich bin frei, ich bin frei!", keuchte Corrie und berührte eine hohe Säule nur wenige Sekunden, bevor Dot sie fangen konnte. „Jetzt bin ich an der Reihe, mich zu verstecken."

Die Kathedrale von St. Bavo, die den Marktplatz überragte, schallte vom Lachen und Toben wider.

Dots Vater, der zugleich Corries Onkel Arnold war, schaute sich die wunderschöne alte Kirche mit ihren in die Höhe ragenden gotischen Fenstern und die berühmte Orgel an. Familie ten Boom besuchte jeden Sonntag diese Kirche, um hier den Gottesdienst zu feiern. Ab und zu gingen sie auch in die Kirche, um Orgelkonzerte zu genießen. Wenn keine Gottesdienste oder Konzerte stattfanden, ließ Onkel Arnold die Mädchen in den Gängen und in den Bankreihen spielen. Diese Plätze waren besonders für Versteckspiele oder Schule spielen oder Entdeckungsspiele geeignet. Man konnte auch wunderbar Kaufen und Verkaufen spielen.

In einer Nacht fiel vom düster verhangenen Himmel Schnee. Am Morgen erblickte Corrie die strahlend weiße Pracht. Der Schnee ließ die Äste der Bäume schwer herunterhängen und breitete sich wie ein glitzernder Teppich über die ebenen Felder aus, unter denen Millionen von Zwiebeln unter Stroh geschützt verborgen lagen. Es hatte auf Weiher, Kanäle und Gräben geschneit. Eisschichten hatten sich gebildet. Überall glänzte und glitzerte es. Der Schnee hatte die Windmühlenflügel, die Dächer und Schornsteine geschmückt und ließ den gepflasterten Marktplatz und die Straßen weiß aufleuchten.

Corrie und Dot waren schnell draußen im Freien, stapften durch den noch unberührten Schnee, schlitterten auf den festgetretenen, hart gefrorenen Wegen dahin und glitten über die vereisten Gräben.

„Das ist der ideale Schnee, aus dem man Schneebälle formen kann", stellte Corrie fest. Sie hoben Hände voll des pulvrigen Schnees auf, formten ihn zu einem Ball und ließen dann die Schneebälle in ihren Manteltaschen verschwinden.

Vor ihnen gingen drei Herren, die sich angeregt unterhielten. Sie trugen vornehme Mäntel und große Hüte. Corrie und Dot schauten sich spitzbübisch an.

Sie holten jeder einen Schneeball aus der Tasche, zielten und feuerten ihn ab. Die Schneebälle schossen durch die Luft und trafen zwei der drei Hüte.

Die Herren blieben ärgerlich stehen und suchten nach den Übeltätern. Corrie und Dot aber beugten sich nieder, um die heruntergefallenen Hüte aufzuheben und abzubürsten.

„Wohin können die Lausebengel nur entschwunden sein?", sagte einer von ihnen.

„Hier, Ihre Hüte! Meine Herren!" Mit diesen Worten und einem Lächeln auf dem Gesicht überreichte Corrie einen Hut. Dot tat es ihr gleich.

„Danke dir, mein Kind! Ihr seid aber zwei nette junge Damen!", sagten die Herrn und lächelten die Mädchen mit ihren unschuldigen Gesichtern an, die so taten, als könnten sie kein Wässerchen trüben.

Corrie und Dot liefen dann weiter. Als sie außer Reichweite waren, mussten sie laut loslachen.

Der Winter war in Haarlem herrlich! Dann kam der Frühling, und weite Felder mit Krokussen, Narzissen, Tulpen und Hyazinthen in Blau, Gelb, Orange und Weiß überdeckten das Land. Die Bürgersteige waren mit heruntergefallenen Kirschblüten übersät.

„Komm, beeile dich, Corrie, ich will dir etwas zeigen!", rief Dot eines Morgens. Corrie sagte noch schnell ihrer Familie Auf Wiedersehen und schloss sich ihrer Freundin auf der Straße an. Unterwegs holte Dot irgendetwas aus ihrer Tasche hervor.

Es war eine Münze, die in zwei Teile auseinandergebrochen war.

„Eine Straßenbahn muss wohl darüber gefahren sein", meinte Corrie.

„Wenn man die beiden Teile zusammenhält, denkt man kaum, dass die Münze kaputt ist, nicht wahr?"

„Nein, wirklich nicht", bestätigte Corrie.

„Wir könnten uns davon zehn Bonbons kaufen", meinte Dot.

Ein prickelndes Gefühl machte sich bei Corrie bemerkbar, aber sie überging es.

Sie stellte sich vor, wie sie ein großes, fruchtiges, köstliches Bonbon lutschte und dann noch eins und noch eins ...

„Ich werde die Bonbons aussuchen und du hältst die Münze zusammen. Ja?", sagte Dot.

Corrie nickte. Sie liefen schnell und ganz aufgeregt zu einem Süßwarenladen. Die Glocke klingelte, als sie eintraten.

„Hallo, ihr jungen Damen! Seid ihr auf dem Weg zur Schule? Was kann ich für euch tun?", begrüßte sie die Verkäuferin. Sie war sehr freundlich und lächelte die Mädchen an.

„Wir hätten gerne zehn Bonbons von dieser Sorte da", sagte Dot und zeigte auf ein Glas gefüllt mit bunten Bonbons.

„Aber ja", antwortete die Verkäuferin. Sie nahm den Deckel vom Glas und holte die gewünschte Anzahl heraus. Während Dot sie einsteckte, legte Corrie die zerbrochene Münze auf den Ladentisch. Dann rannten die beiden schnell davon.

Sie waren bereits ein Stück die Straße hinuntergelaufen, als sie die Ladenglocke klingeln und die Verkäuferin rufen hörten. „Kinder, Kinder, kommt schnell zurück!"

Die Mädchen überhörten das Rufen und liefen eiligst weiter, bis sie ihren Schulhof erreichten. Dort blieben sie stehen und keuchten, während Dot fünf Bonbons in Corries Hand zählte.

Jede von ihnen schob sich ein Bonbon in den Mund und lutschte recht geräuschvoll daran. Einen Augenblick sagte keine von ihnen ein Wort. Corrie war die Erste, die laut lutschend sagte: „Mein Bonbon schmeckt ausgezeichnet."

„Meins auch", fügte Dot an.

Dann verspürte Corrie ein Schaudern und dachte: „Nie wieder will ich so etwas tun!"

Es gab aber noch viele andere lustigen Scherze und Späße.

Da das Meer nicht weit weg war, wurden Ausflüge an den herrlichen Strand mit seinen wunderschönen Sanddünen geplant. Im Wasser und im Sand konnte man sich herrlich vergnügen und herumtoben. Natürlich musste man nach den Ferien wieder in die Schule gehen. Das war aber für Corrie kein Problem, denn einige Fächer waren für sie sehr interessant. Sie war nicht so begabt wie Willem und Nollie, aber sie hatte viele Freunde und immer eine Menge guter Ideen im Kopf.

\* \* \*

„Ich wünsche, dass ihr ruhig weiterarbeitet. Ich werde bald wieder zurück sein", sagte Herr van Ree zu seiner Klasse, die aus sechzig Zehnjährigen bestand, bevor er den Raum verließ. Als er gegangen war, begannen die Mädchen, sich leise zu unterhalten.

„Ich habe einen interessanten Vorschlag", kündigte Corrie laut an, so dass alle es hören konnten.

„Los, sag schon", drängte Dot. Corrie schaute die aufmerksamen Gesichter ihrer Mitschülerinnen an. „Ist es nicht ein toller Streich, wenn wir alle heute Nachmittag um zwei Uhr unsere Hüte aufsetzen? Könnt ihr euch das Gesicht von Herrn van Ree vorstellen?"

Es folgte ein verhaltenes Gekicher. Dann kam es wie aus einem Munde: „Ja, das ist eine tolle Idee. Ja, das werden wir tun!"

Dann aber hatte ein Mädchen einen Einwand.

„Aber wir haben unsere Hüte im Schrank in der Garderobe abgelegt", ließ es vernehmen.

„Irgendwie müssen wir sie in die Klasse schmuggeln und sie unter unserm Pult verstecken, bis die Zeit da ist, sie aufzusetzen", riet Dot.

„Wie sollen wir es aber wissen, dass es zwei Uhr ist?", fragte ein Mädchen. Corrie hob ihren Arm hoch und zeigte voller Stolz ihre Uhr.

„Ich werde ein Signal geben", schlug sie vor. „Ich werde mich an meinem Kopf kratzen wie jetzt. Das ist das Zeichen."

Ungefähr um zwei Uhr schaute Herr van Ree argwöhnisch auf und dachte: „Meine Schüler sind außergewöhnlich ruhig und so fleißig. Ich wundere mich. Was werden sie wohl wieder im Schilde führen?" Aber er konnte nichts Verdächtiges wahrnehmen und bemerkte auch nicht die Schülerin in der ersten Reihe, die ständig auf ihre Armbanduhr starrte.

Schließlich war es zwei Uhr! Corrie gab das Zeichen, holte unter ihrem Pult das Matrosenkäppi hervor, das Tante Jans für sie gekauft hatte, und setzte es auf den Kopf.

Sie hörte keinen Ton und nahm auch keine Bewegung hinter sich wahr. Sie schaute sich kurz um und erstarrte vor Schreck. Nur sie allein vorne in der ersten Bank trug eine Kopfbedeckung. „Dafür muss ich jetzt geradestehen!", überlegte sie und zwang sich, ihren Lehrer anzuschauen. Auch Herr van Ree blickte sie streng an.

„Corrie ten Boom!", schnauzte er los, „geh und such sofort Herrn van Lyden auf!" Corrie holte tief Luft, war entsetzt und ihre Wangen wurden ganz weiß vor Schreck. Irgendwie brachte sie es fertig, sich von ihrem Platz zu erheben und das Klassenzimmer zu verlassen.

Draußen auf dem Korridor blieb sie stehen und versuchte klar zu denken. Was war für sie schlimmer, Herrn van Ree nicht zu gehorchen oder zum Rektor zu gehen? Sie zögerte nicht lange. Herr van Lyden war sehr streng. Es ist schon bei ihm vorgekommen, dass er Kinder der Schule verwiesen hat. Das konnte sie nicht riskieren!

Sie schlich sich zum Schrank in der Garderobe, versteckte sich hinter den Mänteln, schluchzte und wischte sich die Tränen an den weichen Stoffen ab.

„Warum haben die andern mich im Stich gelassen? Will denn die Glocke überhaupt nicht mehr läuten?", quälte sie sich. Was sollte sie bloß tun?

Schließlich ertönte die Schulglocke. Corrie griff nach ihren Sachen und flitzte wie ein Wirbelwind den langen Flur entlang nach draußen. Sie rannte durch das Schultor und eilte auf der Straße davon. Wenn sie sich doch bloß in Papas oder Mamas Arme hätte flüchten können, dann wäre alles wieder gut. Aber die Eltern durften nichts davon erfahren, mindestens so lange nicht, bis sie sich selbst helfen könnte!

Als sie zu Hause angekommen war, rannte sie in ihr Schlafzimmer und warf sich auf ihr Bett, das sie mit Nollie teilte.

„Wer wird mir beistehen?", fragte sie sich. „Betsie ist immer so gut und freundlich. Ich könnte es nicht ertragen, ihr wehzutun. Willem würde mich dazu bewegen, alles einzugestehen. Dann bleibt nur noch Nollie. Sie wird mir helfen. Das macht sie doch immer. Aber ich werde wohl noch bis zum Schlafengehen warten müssen, bis ich sie allein sprechen kann."

„Bist du es, Corrie?", fragte eine Stimme aus dem Erdgeschoss.

„Ja, Mama, ich bin gerade heimgekommen", erwiderte sie und versuchte, so normal wie möglich zu sprechen. Sie trat aus dem Schlafzimmer und ging die Treppe nach unten. Dabei überlegte sie: „Ich muss mich so verhalten, als wäre alles in Ordnung."

Der Rest des Tages wollte kein Ende nehmen.

Corrie hörte nur halb zu, als sich die Familie beim Essen unterhielt. Betsie war mit ihrer Klasse im Frans-Hals-Museum gewesen und war noch immer vom Besuch dort begeistert.

„Es sind so viele wunderschöne Bilder dort ausgestellt", rief sie und ihre Augen leuchteten vor Begeisterung. „Die Gemälde sind fantastisch, besonders diejenigen, die unsere Heimat Holland betreffen. Ihr müsst selbst einmal hingehen und euch dort umsehen."

„Mit der ganzen Familie müssten wir dem Museum einen Besuch abstatten! Dies ist wirklich eine einfallsreiche Idee!", meinte die Mutter, die Betsies Vorliebe für die schönen Dinge teilte.

„Holland hat großartige Maler hervorgebracht", unterstützte der Vater voller Stolz diesen Vorschlag.

„Und auch Musiker", meinte Willem.

„Und Soldaten, die Haarlems Straßen im Visier haben", brach Tante Jans das Gespräch abrupt ab. Jeder drehte sich ihr zu und sie fuhr fort: „Habt ihr nicht die Männer in Uniform bemerkt, die in unsern Straßen herumlungern?"

„Es gibt eine ganze Anzahl von ihnen", stimmte ihr Corries Vater zu. „Ich musste an mehr als einem Dutzend auf meiner Runde heute Nachmittag vorbeifahren."

„Satan findet immer Narreteidinge, die müßige Hände vollbringen", fügte Tante Bep verdrossen hinzu.

Corrie bemerkte Vaters Augenzwinkern. Er und Mama schienen einen geheimen Scherz auszuhecken.

„Genau so ist es, Bep", pflichtete ihr die Schwester bei. „Und deshalb habe ich beschlossen, einen Club für holländische Soldaten zu eröffnen. Ich werde Begegnungen, Sportaktivitäten, Ferienlager und Wettkämpfe organisieren."

„Fühlst du dich nicht wohl, Corrie?", fragte dann auf einmal die Mutter in besorgtem, freundlichen Ton.

„Es geht mir gut, Mama", sagte das Kind schnell und hob ein Glas mit Milch an seine Lippen. So versteckte sie ihr Gesicht hinter dem Glas.

Nach dem Essen holte Casper die Familienbibel herbei und hielt eine Andacht. Dann erzählte er: „Einige Freunde wollen zu uns kommen und mit uns musizieren. So werden wir einen sehr schönen Abend zusammen verbringen, wenn wir singen und spielen. Ich hoffe, meine Kinder werden sich auch mit einigen Liedern daran beteiligen. Das würde mich sehr erfreuen."

Corries Herz wurde immer bekümmerter. Musik, Singen, Besucher! An jedem andern Abend hätte sie sich darüber gefreut, aber doch nicht heute.

Sie saß inmitten ihrer Familie und Freunde, fühlte sich elend und einsam, während Vater genüsslich seine Zigarre rauchte und die Musik von Bach den Raum erfüllte.

Schließlich musste sie schlafen gehen. Vater brachte sie zu Bett und betete noch mit ihr.

„Gute Nacht, Corrie, ich habe dich sehr lieb", strich er ihr über die Wange.

Beinahe hätte sie losgeheult, aber es gelang ihr, die Tränen zurückzuhalten und noch Gute Nacht zu sagen.

Als er gegangen war, betete sie: „Lieber Vater im Himmel, bitte vergib mir, dass ich heute so ungezogen war. Bitte, bitte hilf mir, ich will Papa und Mama nicht wehtun und sie enttäuschen. Amen!" Die Tränen rannen ihr über die Wangen, als sie im Bett lag und auf Nollie wartete.

In dem Augenblick, als die zierliche kleine Gestalt in der Tür erschien, richtete sich Corrie auf und begann auch sofort, ihre Geschichte zu erzählen. Nollie setzte sich neben sie aufs Bett und hörte zu. Ihr hübsches Gesicht war sehr ernst. Sie war ein so gutes, begabtes Mädchen und brachte sich auch fast nie in Schwierigkeiten. Nun war sie von einem tiefen Mitgefühl für ihre kleine bekümmerte Schwester erfüllt. Auf alle Fälle wollte sie ihr helfen.

Als Corrie ihre Geschichte zu Ende erzählt hatte, fragte sie: „Nollie, was soll ich bloß tun?"

„Du musst Gott bitten, dir zu vergeben", sagte Nollie mit ernstem Ton.

„Oh, das habe ich schon getan", antwortete Corrie. Ihrer Schwester kam noch ein anderer Gedanke in den Sinn.

„Weißt du, dieser Psalm, den Papa gestern Abend vorlas, wo die Menschen in ihrer Not zu Gott schreien – sollten wir das nicht auch versuchen?", fragte sie. Corrie nickte. Dann schloss sie ihre Augen und betete eindringlich: „Oh Herr, ich bin in Not, und deshalb schreie ich zu dir um Hilfe!"

„Genau so wie die Leute in dem Psalm, denen du geholfen hast", fügte Nollie hinzu. Beide Mädchen sagten „Amen" und gingen zu Bett.

\* \* \*

„Corrie, wach auf!"

Corrie rieb sich mühsam die Augen und sah, wie sich Nollie über sie beugte. Ihr kam ein guter Gedanke in den Sinn!

„Wovon redet Nollie eigentlich?", dachte Corrie noch halb im Schlaf. Dann kam ihr wieder plötzlich alles zum Bewusstsein. Sie riss die Augen weit auf und merkte, dass es schon Morgen war.

„Sprich weiter", drängte sie.

„Nun, denk doch mal an die Missionszeitschriften, die wir austragen helfen", fing Nollie an.

„Ja."

„Und du weißt doch, dass Herr van Lyden immer eine bekommt."

„Ja."

„Warum bringst du ihm nicht deine Zeitschrift? Man kann nie wissen, wofür es gut ist", schloss Nollie. Corrie dachte darüber nach und wollte es versuchen.

„Klar", sagte sie und schlug die Bettdecke zur Seite.

Nach dem Frühstück suchten sie die Missionszeitschriften und fanden einen kleinen Stoß davon. Corrie nahm eine und steckte sie in ihre Tasche. Aber das war ja gar nicht so leicht, ins Büro des Schuldirektors zu gehen. Ihr Herz schlug wie wild, als sie dort anklopfte.

„Herein bitte", sagte er. Sie trat ein, wobei sie die Zeitschrift wie einen Schild vor sich hielt, und platzte heraus: „Entschuldigen Sie, Herr van Lyden, aber ich habe hier etwas für Sie."

Der Direktor nahm das Heftchen und schaute sie längere Zeit durchdringend an. Schließlich sagte er: „Es ist nett von dir, dass du mir das bringst, aber wie ich höre, hast du dich gestern nicht sehr christlich benommen, Corrie ten Boom."

Der befürchtete Augenblick war also gekommen. Corrie stockte der Atem.

„Damit ist die Sache erledigt. Du kannst gehen", sagte Herr van Lyden.

Corrie stieß einen Seufzer der Erleichterung aus.

„Vielen Dank, Herr Direktor!", hauchte sie und verließ den Raum mit einem Gefühl, als ob sie auf Wolken schwebte.

Draußen auf dem Schulhof suchte sie eifrig nach ihrer Schwester.

„Nollie, es hat geklappt", rief sie ihrer Schwester zu. „Ich schrie zu Gott in meiner Not und er hat mir geholfen, wirklich geholfen! Vielen Dank, Nollie! Ich bin ja so glücklich, ich könnte von der Erde abheben!"

# 3. Als junge Frau

„Bitte lass mich gut aussehen, wenigstens heute einmal!", wünschte sich Corrie, als Betsie sie frisierte.

„Nun", sagte schließlich ihre ältere Schwester, „schau dich an!" Corrie ging vorsichtig auf den großen Wandspiegel zu und blickte hinein. Vor Staunen bekam sie den Mund nicht mehr zu.

„Meine Güte, bin ich das wirklich?", dachte sie, als sie das Bild einer attraktiven jungen Frau mit leuchtenden blauen Augen, in einem wunderschönen Seidenkleid und herrlich gelocktem Haar vor sich sah.

Betsie stellte sich hinter sie und lobte sie: „Toll siehst du aus! Richtig attraktiv!" Corrie errötete vor Freude, dann wandte sie sich um und drückte ihrer Schwester die Hand: „Vielen Dank! Du hast mich mit dem Kleid und der flotten Frisur echt herausgeputzt, Betsie!"

„Ist schon in Ordnung", wehrte ihre Schwester lächelnd ab. „Ich schau einmal nach, ob Nollie schon fertig ist. Versprich mir, dass du dich ruhig verhältst, bis es Zeit ist zu gehen."

„Versprochen!", antwortete Corrie überaus vergnügt. Sie blickte an sich herunter und dachte: „Ich weiß, eine totale Schönheit werde ich niemals sein wie Betsie und Nollie, aber heute gefalle ich mir, und darüber bin ich froh, denn heute werde ich Karel wiedersehen."

Ihre Gedanken gingen sieben Jahre zurück, als ihre Mutter eine Party veranstaltete.

„Corrie, ich will dich mit einem Studienfreund bekannt machen – Karel. Karel, das ist meine jüngste Schwester", hatte Willem gesagt. Zwei blaue und zwei braune Augen hatten sich angeblickt – und Corrie hatte sich auf der Stelle verliebt. So etwas war schon früher vorgekommen, aber so stürmisch wie damals noch nie.

In den folgenden Jahren waren sie sich kaum begegnet, denn er hatte sich zusammen mit Willem in sein Theologiestudium an der Universität vertieft, während sie zu Hause beschäftigt war. Doch sein Name und sein Gesicht hatte sie nie mehr aus dem Bewusstsein verloren. Karel war ihr eine geheime Quelle der Freude, wenn sie zu Hause kochte, lernte, Bibelstunden hielt. Unmerklich war sie von einem Teenager zu einer jungen Frau herangereift.

In ihrer Hausgemeinschaft hatte sich manches verändert. Tante Bep war an Tuberkulose gestorben. Ihre Mutter litt immer mehr unter ihren Magenbeschwerden. Tante Jans war zuckerkrank. Aber heute war ein Freudentag! Willem und Tine wollten heiraten, und Karel war zur Hochzeitsfeier geladen.

„Wir müssen jetzt gehen", sagte Betsie, als sie ins Zimmer trat. Sie sah ihn dann draußen vor der Kirche, und auch er erblickte sie.

„Corrie?", bemerkte er etwas unsicher. Denn die junge Frau, die auf ihn zukam, erinnerte wenig an Willems kleine Schwester, wie er sie in Erinnerung hatte.

„Ja, das bin ich", antwortete Corrie vergnügt.

„Du bist eine ansehnliche junge Dame geworden", kommentierte Karel.

Er reichte ihr den Arm und sie schwebte auf einer Wolke des Glücks in die Kirche.

In dieser Nacht tat sie kein Auge zu. Sie war hellwach und träumte von einer anderen Hochzeit, von einem Tag, an dem sie die Braut im weißen Kleid wäre und Karel der Bräutigam.

Sie war jetzt zweiundzwanzig und Karel sechsundzwanzig. Er hatte sein Studium beendet, so dass sie nichts hindern konnte, sich zu verheiraten, wenn er wollte.

„O Karel, Karel, wann werde ich dich wiedersehen?", klang es wie eine Melodie in ihrem Herzen ...

Der Juni kam herbei und an den Brückengeländern und an den Häusern von Haarlem sah man die Blumenkübel in ihrer vollen Blütenpracht. Corrie und ihre Familie packten die Koffer und fuhren für ein paar Tage in das Dorf Made, wo Willem als Pfarrer eingesetzt war.

Das Jahr hatte für sie ziemlich traurig begonnen, weil Tante Jans im Februar gestorben war. Und doch war es wunderbar zu wissen, wie sie ohne Todesangst friedlich und voll Gottvertrauen eingeschlafen war.

Und jetzt waren sie gekommen, um Willems erste Predigt zu hören. Sein Haus lag gegenüber der Kirche. Corrie lief durch die Zimmer und wartete ungeduldig darauf, dass es klingeln sollte.

Endlich war es so weit. Sie raste die Stufen hinunter, um die Tür zu öffnen. Sie fieberte, als sie die große, dunkle, schöne Gestalt vor sich sah.

„O Karel, komm herein! Ich rufe Willem", sagte sie hastig.

„Corrie, heute ist ein so schöner Tag. Wollen wir noch einen kleinen Spaziergang machen?", schlug Karel vor und stellte dabei seinen Koffer im Flur ab.

„O ja", antwortete sie begeistert.

Sie schlenderten die Dorfwege entlang. Die Wiesen standen voller Sommerblumen, und über ihnen erstrahlten die Wolken mit einem Flimmer von Gold.

\* \* \*

Willem war während des Tages mit ganz anderen Dingen beschäftigt als Corrie. Er sprach viel vom Krieg in Europa.

„Holland mag zwar neutral sein", verkündete er in seiner ersten Predigt, „aber unser Land wird von all dem Geschehen, das sich in Europa zuträgt, nicht unberührt bleiben. Unser ganzes Leben wird sich verändern."

„O Willem", dachte Corrie, „warum musst du alles so düster sehen? Ich möchte doch glücklich sein."

Eines Nachmittags saß sie in Willems und Tines Wohnzimmer und träumte vor sich hin. Karel war im Dorf, sicher würde er bald zurückkommen.

Sie sah das alles schon vor sich – Karel und sie mit ihren Kindern in einem schmucken kleinen Haus. Sie wünschte sich sechs Kinder, aber Karel dachte, vier wären auch genug. Er wird ein guter Pfarrer und Verkündiger sein, und sie als seine Frau würde ihm eine gute Mitarbeiterin in seiner Gemeinde sein. Natürlich käme ihre Familie dabei nicht zu kurz. Sie würde gut für sie sorgen.

Mitten in ihre Träume platzte Willems Stimme: „Hallo, Corrie!" Er und Tine waren gerade ins Zimmer gekommen und standen neben ihr. Corrie schob die Gedanken an die rosige Zukunft beiseite und konzentrierte sich ganz auf ihren Bruder und ihre Schwägerin.

„Ja", sagte sie.

Willem setzte sich und seine Frau rückte neben ihn.

„Hm, ja, es gibt da noch etwas, ich meine, ich dachte eigentlich ...", begann ihr Bruder, doch Corrie unterbrach ihn.

„Was willst du mir denn sagen, Willem?", schaute sie ihn ganz erstaunt an.

Es war eigentlich gar nicht seine Art, wie die Katze um den heißen Brei herumzureden. Deshalb fragte sie sich, was denn jetzt käme. Er und auch Tine machten einen ziemlich bekümmerten Eindruck.

„Ich hoffe", sagte Willem immer noch zögerlich, „dass Karel dir nicht den Eindruck vermittelt hat, nun, ihr beide könntet, hm, ernstlich etwas miteinander haben."

Corrie errötete bis in die Haarwurzeln. Sie machte den Mund auf, aber sie fand keine Worte.

„Tatsache ist", fuhr Willem fort, „dass Karels Eltern, vor allem seine Mutter, den Entschluss gefasst haben, dass ihr Sohn ein reiches und angesehenes Mädchen heiratet."

Corrie murmelte etwas vor sich hin und verschwand, so schnell sie konnte. Raus in den Garten lief sie, und als sie zwischen den Blumenbeeten hin und her ging, tönte es in ihrem Herzen: „O Willem, du hast ja keine Ahnung, überhaupt keine Ahnung! Ich werde Karel doch heiraten und glücklich sein – du wirst es schon sehen!"

Es folgten noch einige nette Spaziergänge bei sonnigem Wetter, bis die Gäste wieder abreisten.

„Schreib mir mal, Corrie", rief ihr Karel noch zu. Sie lächelte und versprach es ihm natürlich. Dabei dachte sie: „Darum hättest du mich doch gar nicht erst bitten müssen, Karel!"

* * *

Zu Hause in Haarlem gab es viel zu tun, aber Corrie fand doch Zeit genug, um Karel seitenlange Briefe zu schreiben. Zunächst hatte er alle beantwortet, aber dann ließ seine Schreibfreudigkeit immer mehr nach.

„Er hat eben sehr viel Arbeit", sagte sie sich. Er ist für eine große Gemeinde verantwortlich, da bleibt ihm wenig freie Zeit.

Der Sommer verging und es folgte ein schöner Herbst, danach kamen die ersten klaren Wintertage. Der Reif glänzte silbrig auf den kahlen Bäumen, auf dem Straßenpflaster und auf den Kanälen.

Es klingelte und Corrie öffnete die Tür. Karel – endlich war er da! Aber wer war die lächelnde elegante junge Dame an seinem Arm?

„Corrie, ich möchte dir meine Verlobte vorstellen", begrüßte er sie.

Corrie war erschüttert, ihr Traum vom Glück war mit einem Schlag zerschmettert. Ganz verstört sagte sie: „Kommt herein." Sie führte das Paar die Treppe hinauf ins Wohnzimmer, wo früher Tante Jans gewohnt hatte.

Wie geistesabwesend sagte sie: „Karel und seine Verlobte sind gekommen, um uns zu besuchen." Sie merkte an den Blicken der Familie, dass man ihre Situation verstanden hatte.

„Karel, mein Freund, ich möchte etwas mit dir besprechen", sagte ihr Vater. Der junge Mann ging auf ihn zu, und bald waren sie ins Gespräch vertieft.

„Das ist ja ein sehr schöner Hut!", bemerkte Betsie zu Karels Verlobter, und bald sprach das junge Mädchen mit ihr nur noch über Mode. Corrie konnte sich im Hintergrund halten und half ihrer Mutter und Tante Anna Kaffee und Gebäck aufzutragen, während sie innerlich um ihre Beherrschung ringen musste.

Schließlich waren die Besucher gegangen. Corrie konnte allein sein. Sie rannte in ihr Schlafzimmer, warf die Tür hinter sich zu und weinte wie nie zuvor in ihrem Leben.

Eine ganze Zeit lang später hörte sie, wie der Vater die Treppe heraufkam.

„Bitte, bitte, lass ihn jetzt nur nicht sagen, ich würde ja schon jemand anderen finden, wo ich doch zu genau weiß, dass es niemals einen andern für mich gibt", betete Corrie.

Ihr Vater trat ein und setzte sich auf ihr Bett.

„Corrie", sagte er sehr freundlich, „Liebe ist die stärkste Macht der Welt. Wenn jemand unsere Liebe verletzt, können wir aufhören zu lieben und der Schmerz lässt nach, oder wir können Gott bitten, dass er unsere Liebe in anderer Weise gebraucht. Du kannst Karel nicht die Liebe geben, die du jetzt für ihn empfindest, aber wenn du darum betest, dann wird Gott dir eine neue Art von Liebe zu ihm geben – nämlich seine göttliche Art."

Behutsam legte er seine Hand auf ihre Schulter, dann stand er auf und ließ sie allein mit dem Wissen um seine Worte und seine Nähe.

In ihrem Herzen war es recht dunkel, aber sie wusste jetzt, was sie zu tun hatte.

„Herr, ich übergebe dir meine Liebe zu Karel", betete sie. „Bitte, gib mir deine neue Liebe zu ihm." Dann fiel sie vor Erschöpfung in einen tiefen Schlaf.

Die darauf folgenden Tage waren so bewegt, dass sie gar keine Zeit fand für ihre eigene Niedergeschlagenheit, selbst wenn sie es gewollt hätte, denn ihre Mutter erlitt ihren bisher schlimmsten Schlaganfall. Einige leichtere hatte sie vorher schon gehabt und sich davon ziemlich gut erholt. Doch diesmal verlor sie die Sprache und war teilweise gelähmt.

Corrie übernahm den größten Teil ihrer Pflege, weil Betsie an Blutarmut litt und deshalb wenig Kraft hatte. Auch Tante Anna spürte, dass sie nicht mehr die Jüngste war. Nollie musste den ganzen Tag Unterricht geben, und der Vater hatte im Geschäft zu tun.

Corries Mutter konnte noch ein Wort sagen: „Corrie!" Aber ihre Familie fand Wege, wie sie sich mit ihr verständigen konnte.

„Corrie."

„Ja, Mama. Brauchst du etwas?"

Sie schüttelte den Kopf, was so viel wie nein bedeutete.

„Soll ich etwas für dich tun?"

Sie nickte, was so viel wie ja bedeutete.

„Ist es für jemanden im Haus?"

Sie schüttelte den Kopf.

„Jemanden in unserer Straße?"

Sie nickte.

„Hat jemand in der Straße heute Geburtstag?"

Sie nickte stärker.

„Ich soll also eine Karte schreiben? Ist sie für Frau de Hough oder Frau Beuker?"

Manchmal packte Corrie das Entsetzen, wenn sie ihre Mutter anschaute.

„Da liegt sie nun, gelähmt, stumm, mit ihren Schmerzen, aber immer noch lebt sie für andere", dachte sie im Stillen. Und sie konnte es vielen Besuchern vom Gesicht ablesen, dass auch sie innerlich betroffen und bewegt waren von der inneren Größe ihrer Mutter.

Der Krieg in Europa nahm 1918 nach vier Jahren ein bitteres Ende. Die ten Booms hatten seinen schrecklichen Verlauf mit innerer Anteilnahme und Traurigkeit verfolgt und sprachen viel über die veränderte Lage.

„Der Krieg ist zwar vorbei, aber es wird lange dauern, bis die Wunden geheilt sind", sagte Corrie. Betsie nickte und fügte traurig hinzu: „In Europa wird es nun Tausende von Witwen und Waisen geben."

„In Deutschland mehr als in jedem andern Land", fügte ihr Vater an. Er strich sich seinen ergrauten Bart und fuhr fort: „Wir müssen etwas tun für die Waisen in Deutschland. Ich muss schauen, wo es holländische Familien gibt, die mit Liebe sich dieser armen Kinder annehmen."

In den darauf folgenden Tagen nahm er Verbindung zu befreundeten Uhrmachern aus ganz Holland auf und traf die nötigen Vorkehrungen.

Blass, abgemagert und verängstigt kamen die Kinder an und fanden in den Familien liebevolle Aufnahme. Einige wurden auch im Haus über der Werkstatt untergebracht. Damit war jedes Zimmer belegt. Corrie hatte alle Hände voll zu tun.

Bald war wieder einmal Hochzeit im Hause ten Boom. Nollie verheiratete sich mit einem ihrer Kollegen aus der Schule, Flip van Worden, dem sie begegnet war, als sie in Amsterdam in einer Schule unterrichtete. Nach ihrer Hochzeit zogen sie in eines der neueren Häuser am Stadtrand von Haarlem.

„Jetzt bekümmert es mich nicht mehr, wenn ich an Karel denke", stellte Corrie fest. Gott hatte ihr eine neue Art von Liebe gegeben, mit der sie ihn und andere lieben konnte – ihre Familie, die Jungen und Mädchen in der Sonntagsschule und die Kriegswaisen aus Deutschland.

Sie war jetzt siebenundzwanzig. Einen weiteren Karel würde es nicht geben, das wusste sie. Und auch Betsie würde wegen ihrer gesundheitlichen Schwierigkeiten niemals heiraten. Und doch war das Leben zu Hause noch schön.

\* \* \*

Eines Tages kehrten die Kinder wieder nach Deutschland zurück. Es ging ihnen gut, sie waren wieder gekräftigt und ganz vergnügt. Doch Corries Mutter wurde von Tag zu Tag schwächer.

Dann schlief sie friedlich für immer ein. Ihr Mann schaute sie noch einmal an und sagte: „Dies ist der traurigste Tag meines Lebens."

Corrie legte ihre Arme um ihn und dachte: „Mein lieber Vater, ich werde mich immer um dich kümmern."

Corrie ging weiter ihrer Arbeit nach, wobei sich glückliche

Erinnerungen mit Traurigkeiten mischten. Sie dachte daran, wie Mama ihre kleine Hand gehalten und ihr geholfen hatte, Jesus in ihr Leben aufzunehmen, wie sie die Kranken, die Traurigen und die Alten besucht hatte, wie sie ein Geldstück in die Opferbüchse geworfen hatte, so oft ein Besucher gekommen war, und dabei hatte sie gesagt: „Sie sind uns willkommen, und weil wir über Ihren Besuch so glücklich sind, möchten wir dafür eine kleine Spende für die Mission geben." Sie erinnerte sich auch, wie ihre Mutter Partys und andere Feiern organisiert hatte.

Jedes Zimmer im Haus und jeder Gegenstand riefen Erinnerungen wach. Da stand der Tisch, an dem die Mutter so viele Karten und Briefe geschrieben hatte, das Bett, in dem ihre Kinder getröstet wurden, in dem sie aber auch oft mit Schmerzen gelegen hatte, ohne jemals zu klagen. Da waren die Kleider, die sie genäht hatte, und dann die vielen Topfblumen, die sie auf dem kleinen flachen Dach, das sie als ihren Garten bezeichnete, gepflegt hatte.

Und schließlich war da Vater Casper, dem nun seine teure Cor fehlte. Corrie tat dies im Herzen weh. Er war durch den Tod seiner Frau gealtert und auch sehr bedrückte, aber er war doch der Mann geblieben, der er an ihrer Seite geworden war: das Haupt der Familie, der angesehene Uhrmacher, der liebevolle Vater und Großvater, der Freund vieler Menschen in Haarlem, ob arm oder reich.

Betsie, die ihrer Mutter in vielem glich, bekümmerte das alles auch.

„Meine liebe Schwester, ich werde für dich und Vater sorgen", dachte Corrie. „Und Tante Anna und wir drei werden zusammen glücklich sein."

# 4. Als Uhrmacherin

„Die Schwierigkeit mit dir, Corrie", stellte Tante Anna fest, „besteht darin, dass du tausend Dinge auf einmal tun willst."

Corrie lachte, aber es war ihr klar, dass dies stimmte. Tante Anna kochte immer noch in der Küche, aber Corrie half ihr dabei, versah die Hausarbeit und tätigte die Einkäufe, während sich Betsie und ihr Vater um den Laden kümmerten.

Corrie liebte ihre Arbeit und war zudem ständig mit Sonntagsschule, Versammlungen, Missionskonferenzen, Lernen und Besuche machen beschäftigt.

In einem Winter wurde Haarlem von einer Grippeepedemie heimgesucht. Corrie merkte, wie Betsie fröstelte und ganz rot im Gesicht wurde. Sie brachte sie ins Bett und sprach dann mit Tante Anna.

Die sagte sehr bestimmt: „Betsies Pflege und das Kochen kannst du mir überlassen."

„Wenn du glaubst, dass du das alles schaffst", antwortete Corrie. Dann ging sie geradewegs zu ihrem Vater in den Laden.

„Vater, hier ist deine neue Helferin", sagte sie vergnügt. Hinter seinen runden Brillengläsern leuchteten seine Augen. In seinem Gesicht zeigten sich schon einige Falten, aber seine Hände waren immer noch ruhig und sicher.

„Was für ein Segen, dass ich zwei so hilfsbereite Töchter habe", lobte er sie. „Es ist gut, dass du Betsie ins Bett geschickt hast."

Die Tage vergingen schnell.

„Du siehst heute viel besser aus", bemerkte Corrie Betsie gegenüber.

„Stimmt!", war die Antwort. Corrie setzte sich auf das Bett ihrer Schwester, wo sie sich ein wenig unterhielten.

„Ich bin noch etwas ängstlich im Umgang mit den Kunden, und es gelingt mir auch noch nicht so gut wie dir, mir ihre Namen zu merken und sie nach ihren Kindern zu fragen; aber es macht Spaß, mit dem Vater zusammen zu arbeiten. Ich habe ihn einfach gern!", merkte sie an.

„Es hat mir auch Freude gemacht, ein wenig in der Küche zu helfen", sagte Betsie. „Natürlich nur ein paar Handgriffe", fügte sie eilig hinzu, als sie der vorwurfsvolle Blick ihrer Schwester traf.

„Und ich habe doch gemeint, du seist im Bett!", rief Corrie.

„War ich auch, wenigstens die meiste Zeit", verteidigte sich ihre Schwester.

Corrie lächelte. „Jedenfalls ist es gut, dass es dir wieder besser geht." Sie nahm Betsies Abendbrotgeschirr und ging nach unten. Dann sah sie sich noch einmal überall im Hause um.

Ein Regal war frisch gestrichen, in der Ecke blühten frische Blumen, auf dem Schränkchen lag ein schönes Deckchen, im Schrank war das Geschirr schmuck hingestellt, auf dem Kamin standen Nippsachen – das alles trug Betsies Handschrift.

„Wirklich, nur ein paar Handgriffe!", stellte Corrie fest. Sie dachte nach. Kurze Zeit später ging sie wieder nach oben in Betsies Zimmer. „Was meinst du, könntest du vorübergehend diese Arbeiten übernehmen?", fragte sie.

Der Ausdruck ihrer Schwester verriet die Antwort, bevor sie etwas sagen konnte: „O Corrie, das würde ich liebend gerne tun."

Unter Betsies Händen wurde das Haus schön und war auch immer sauber. Corrie bediente die Kunden und schrieb die Rechnungen. Das Geschäft erwirtschaftete keinen großen Gewinn, und sie merkte auch sehr bald, woran das lag.

„Vater, hat Herr Smit die Rechnung für seine Uhr bezahlt? Du hast doch Stunden gebraucht, um sie zu reparieren."

„Es hat Spaß gemacht, sich mit dieser Uhr abzugeben."

„Natürlich, Vater. Aber wo ist das Geld dafür?"

„Corrie, diesem Mann geht es im Augenblick nicht so gut. Wir haben miteinander die Bibel gelesen und gebetet."

„Ja, Vater, aber das Geld!"

„Das wollte ich dir gerade erklären. Ich habe Herrn Smit gesagt, dass die Reparaturarbeit an seiner Uhr für ihn ein Geschenk vom Herrn sei."

„O Vater!" Corrie schüttelte den Kopf und gab es auf, weiter diese Frage zu erörtern.

„Lieber Herr", betete sie. „Du weißt doch, was wir brauchen. Schick uns bitte so viel Geld, wie du meinst, dass wir nötig haben."

Jeden Tag stand das Essen auf dem Tisch. Gott sorgte wirklich für alles.

* * *

Corrie wurde immer mehr mit den Kunden vertraut und erledigte die Büroarbeit immer besser. Aber dies genügte ihr noch nicht.

„Vater, würdest du mir auch zeigen, wie man Uhren repariert?", fragte sie ihn eines Tages.

„Aber natürlich!", war seine freudige Antwort. „Es ist mir doch ein Vergnügen, meiner Tochter die Dinge beizubringen, die ich so gerne tue."

In den nun folgenden Stunden, Tagen und Monaten gab es harte Arbeit für sie, aber schließlich konnte Corrie ihrem freundlichen und geduldigen Lehrmeister eine gute Nachricht überbringen. Als er sie vernahm, überzog ein glückliches Lächeln sein Gesicht.

„Herzlichen Glückwunsch, Corrie! Du hast mich sehr froh gemacht!", sagte er. Dann schüttelte er sein graues Haupt und rief laut: „Meine Tochter! Die erste geprüfte Uhrmacherin in ganz Holland! Einfach großartig!"

Corrie kniete sich fleißig in ihre Arbeit als Uhrmacherin. So gingen die Tage dahin.

Corrie war gerade von einem Treffen der Sonntagschullehrer zurückgekommen und berichtete Betsie davon.

„Weißt du", rief sie, „es gibt Bibelklassen und Unterricht für Kinder bis zu dreizehn Jahren und Bibelgruppen für junge Leute über achtzehn, aber gar nichts für die Jahrgänge dazwischen. Hier muss man etwas tun."

„Es ist mir, als höre ich Tante Jans' Stimme", erwiderte Betsie lächelnd. „Aber nun mal ernsthaft, Corrie, hast du denn nicht genug zu tun?"

„Oh, ich habe viele Helfer", wandte Corrie ein.

Die Schwestern besprachen das alles mit ihrem Vater, beteten gemeinsam für die neue Aufgabe und fanden zu einer Entscheidung.

„Wie ist es gelaufen?", wollte Betsie wissen. Corrie war gerade von einem Abend mit „ihren Mädchen" nach Hause gekommen. Ihre Schwester und ihr Vater unterstützten sie in allem und beteten für diese Herausforderung.

„Danke, es war gut", antwortete Corrie. „Wir hatten viel Spaß am Sport, und dann habe ich ihnen noch eine kurze biblische Andacht gehalten. Alle hörten gut zu."

„Hervorragend!", meinte ihr Vater mit einem Lächeln. „Dieser Mädchenclub in Haarlem wird ein voller Erfolg."

„Ja, aber es ist doch eigentlich schade, dass es nicht auch so etwas für Jungen in dem gleichen Alter gibt", wandte Corrie ein. „Ich würde sie einfach zu unserm Mädchenclub mit dazunehmen."

„Gemischte Gruppen!", meinte Betsie. „Die Idee ist gut. Aber ich fürchte, manche Leute werden dagegen sein."

Die Gruppen wuchsen. Corrie setzte ihre ganze Kraft ein, um Freizeitbeschäftigung, Sport, Ferienlager, gemeinsames Musizieren, Themenbesprechung und die Schulung der Gruppenleiter zu organisieren.

Auch Betsie war im Einsatz. Tante Anna nämlich war zu schwach und krank, um die Küchenarbeit weiter zu versehen, und musste im Bett bleiben. Deshalb übernahm Betsie diese Aufgabe. Wenn die Schwestern an der Arbeit waren, hörten sie oft, wie die liebe alte Dame ihre geliebten Kirchenlieder sang.

Doch eines Tages erklang kein Lied mehr aus ihrem Mund. Die Sängerin war bei ihrem Herrn im Himmel.

„Ich werde Tante Anna sehr vermissen", trauerte Betsie. „Doch ich bin froh, dass sie jetzt da ist, wo Mutter auch ist."

Die ganze Familie und viele Freunde kamen zu ihrer Beerdigung.

* * *

Willem kam öfter nach Hause. Er hatte seine Predigtstelle aufgegeben und leitete jetzt ein Altenheim in Hilversum.

„Corrie", bemerkte er eines Tages, „ich bin ja im Vorstand einer Missionsgesellschaft. Gerade jetzt suchen wir Gastfamilien für drei Kinder. Ihre Eltern sind Missionare und stehen vor der Ausreise."

Corrie und Betsie besprachen die Angelegenheit. Die Missionsarbeit lag ihnen immer am Herzen – und auch die Kinder der Missionare.

„Außerdem", meinte Betsie, „würde es Vater glücklich machen, wenn er in unserm Haus wieder Kinderstimmen hörte."

So kamen dann die Kinder. Zunächst waren es drei, dann wurden es immer mehr und schließlich waren es sieben, um die sich „Opa", „Tante Kees" und „Tante Betsie" kümmerten, wie sie Casper und seine Töchter nannten.

In den folgenden zehn Jahren hallte das Haus immer wider von frohen Kinderstimmen.

„Opa, wie zieht man diese Uhr auf?"

„Tante Kees, können wir nicht ein Picknick machen?"

„Tante Betsie, was gibt es heute zum Abendessen?"

Corrie organisierte allerlei Sport und Spiele für sie und freute sich auch, wenn sie sich in ihren Kinder- und Jugendgruppen beteiligten. Betsie sorgte dafür, dass sie immer satt wurden und ordentlich gekleidet waren. Sie alle verehrten den Opa, der immer noch mit der Familie betete und jeden Tag Andacht hielt.

„Corrie, du bist mit sehr vielen Dingen beschäftigt", sagte ihr Vater eines Tages. „Wenn wir einmal im Himmel sind, würde es mich nicht wundern, dass dann die Arbeit für die Behinderten, die du tust, als die wichtigste erscheint."

Genau dieses mutmachende Wort brauchte Corrie. Sie vergaß

alle Müdigkeit und machte sich auf den Weg, um einen Jungen namens Henk zu besuchen, der zu einer ihrer Behindertengruppen gehörte. Er hatte zehn Geschwister und entstammte einer armen Familie. Er war damit beschäftigt, in einer staatlichen Behindertenwerkstätte Kleiderhaken herzustellen. Wie all die andern in seiner Gruppe hörte er aufmerksam zu, wenn Corrie sagte: „Jesus liebt dich! Er kümmert sich um jeden von euch! Ihr seid ihm wertvoll!"

Sie kam zu dem kleinen Haus und klopfte an die Tür, deren Farbe schon verblichen war. Henks Mutter öffnete. Sie sah sehr elend aus.

„Oh, hallo, Sie sind Fräulein ten Boom? Kommen Sie doch herein. Sicher wollen Sie Henk besuchen."

„Ja, das stimmt", sagte Corrie und betrat die Wohnung. Sie musste ihre Stimme anstrengen, um sich bei dem Lärm von Henks Geschwistern Gehör zu verschaffen. Dann fragte sie: „Wie geht es ihm?"

„Wie immer", antwortete die Mutter. „Er macht gar keine Schwierigkeiten, unser Henk. Er ist treu wie Gold und bleibt immer in seinem Zimmer. Kommen Sie doch nach oben."

„Vielen Dank!", erwiderte Corrie und ging die Treppe hinauf zu Henks kleiner Dachkammer. Bevor sie dort ankam, konnte sie schon seinen Gesang hören:

*„So, wie ich bin, komm ich zu dir,*
*Herr, dein Erbarmen gilt auch mir.*
*Du lösest mich aus Schuld und Tod:*
*So komme ich, mein Herr und Gott."*

Wunderbar klang die angenehme, junge Stimme.

Corrie ging auf Zehenspitzen zur Tür und schaute hinein.

Sie sah Henk, seinen Rücken ihr zugewandt. Er kniete vor einem Stuhl. Gegen die Stuhllehne gestützt stand ein altes abgegriffenes Bild. Es zeigte Jesus am Kreuz. Henk schaute darauf, während er das Lied sang. Er schien alles andere um sich herum zu vergessen.

Corrie wandte sich um und schlich leise die Treppe hinunter. Sie hatte Tränen in den Augen. Das armselige Zimmer war zu einem Stück Himmel geworden, denn Gottes Liebe erfüllte es. Es war ihr, als spürte sie die Nähe der Engel.

„Ich wollte ihn in seiner Andacht nicht stören", erklärte sie Henks Mutter und ging nach Hause.

\* \* \*

Corries kleine Gruppe behinderter Kinder kam zum Treffen. Henk war nicht dabei, und Corrie wusste, warum. Jemand hatte ihr gerade im Auftrag der Mutter mitgeteilt, dass der kleine Junge verstorben sei. Sie hatte ihn tot aufgefunden, wie er vor dem Stuhl kniete und das Bild von Jesus vor sich hatte.

Corrie fühlte sich traurig und glücklich zugleich, aber die Freude war stärker, wenn sie daran dachte, wie Henk während des Gesangs von „So, wie ich bin, komm ich zu dir ..." sanft in die Gegenwart Jesu zu einem neuen ewigen Leben hinübergegangen war.

Die Kinder saßen alle auf ihren Stühlen und schauten sie an. Liebevoll blickte sie zu ihnen und sagte: „Ich freue mich so, dass ihr da seid, und heute muss ich euch eine ganz besondere Geschichte erzählen ..."

\* \* \*

Die Jahre gingen ins Land, angefüllt mit Arbeit, und doch waren es friedvolle Jahre. Corrie, ihr Vater und ihre ältere Schwester waren nun allein zu Hause, aber Nollie und Flip und ihre immer größer werdende Familie lebten ganz in der Nähe, so dass sie oft bei ihnen hereinschauen konnten. Willem und Tine und ihre Kinder kamen, sooft sie konnten, aus Hilversum zu ihnen.

Corrie war vierundvierzig Jahre alt, als sie und Betsie feierlich das hundertjährige Jubiläum ihres Uhrengeschäftes feiern konnten. Die Familie, Freunde und Nachbarn kamen und überreichten Blumen, Karten und Geschenke für den alten Mann, den sie immer noch so sehr liebten. Es war ein denkwürdiger Tag.

Vater ten Boom ging müde, aber glücklich zu Bett.

„Der Herr hat mich so sehr gesegnet", sagte er. „Meine Arbeit, mein Heim, meine Kinder, zehn prachtvolle Enkel und all die vielen Freunde sind ein Zeichen seiner Liebe und Gnade." Er hielt einen Augenblick inne, bevor er die Worte sprach, die man oft von ihm hörte: „Und auf meinen besten Freund warte ich noch!"

Der letzte Besucher war gegangen, das Geschirr war abgewaschen und weggeräumt.

„Nun, Betsie", sagte Corrie, als die Schwestern noch beisammen saßen und ihren heißen Tee zur Nacht tranken. „Unsere Zukunft liegt eigentlich ziemlich klar vor uns. Wir werden zu Hause bleiben, für den Vater sorgen, werden immer älter und schließlich ganz alt werden."

„Dabei bin ich ganz glücklich", bemerkte Betsie.

„Mir geht es genauso", fügte Corrie hinzu.

\* \* \*

In den nächsten Jahren waren die ten Booms und viele andere Menschen in Europa über die Ereignisse in Deutschland sehr besorgt. Die NSDAP, kurz Nazipartei genannt, war zunächst eine kleine unbedeutende politische Partei gewesen. Aber jetzt zählte sie schon Millionen. Sie marschierten durch die Straßen, sangen nationalistische Lieder und schwenkten Hakenkreuzfahnen. Die Mitglieder waren ihrem Führer ganz ergeben – einem gewöhnlich aussehenden Mann mit einem Schnauzbart. Sein Name war Adolf Hitler.

Als der Erste Weltkrieg zu Ende ging, war er ein gewöhnlicher verwundeter Soldat. Aber in ihm brannte das Feuer der Wut und des Ehrgeizes – Wut auf die, die seiner Meinung nach an Deutschlands Niederlage schuld waren, und Ehrgeiz nach persönlicher nationaler Macht. Es gelang ihm immer mehr, die Leiter des Erfolgs hinaufzusteigen – vom Führer der Nazipartei zum Reichskanzler Deutschlands, dann zum Reichspräsidenten und schließlich zum obersten Führer des Staates mit den Vollmachten eines Diktators.

Er hatte schnell ein gewaltiges Heer aufgestellt und ebenso eine starke Flotte aufgebaut. Nun machten böse Gerüchte die Runde, wie er mit Kommunisten und Juden umging. Man hörte von Schlägen, Folter und sogar Mord.

Aber das konnte doch nicht wirklich wahr sein!

Oder doch?

# 5. Dunkle Schatten

Ein eisiger Wind wehte eines Nachts um Haarlem. Corrie öffnete am Morgen die Rollläden und sah, wie kleine eisige Punkte auf Straßen und Bürgersteigen glänzten.

Sie saß gerade wenig später im Esszimmer, als plötzlich die Tür aufging und ein alter Uhrmacher hereingestolpert kam, der früher einmal ein paar Jahre für sie gearbeitet hatte.

„Christoffels!", rief sie, denn der kleine Mann, der normalerweise ein sehr würdiges Aussehen bot, stand ohne Hut da, mit zerrissenem Mantel und blutiger Wange.

„Komm, setz dich, lieber Freund", bot ihm Casper einen Stuhl an. „Sag, was ist geschehen!"

„Ich habe auf der Straße meinen Hut verloren", murmelte Christoffels, mehr brachte er nicht über die Lippen.

„Ich werde hinausgehen und schauen, ob ich ihn finde", schlug Corrie vor. Sie wollte unbedingt herausfinden, was sich auf der Straße ereignet hatte, war aber zugleich schrecklich ängstlich.

Als sie auf die Straße hinaustrat, biss ihr die Kälte ins Gesicht. Dort sah sie eine kleine Gruppe von Menschen, die ärgerlich und ungehalten auf einen großen jungen Mann schaute.

Corrie verlor allen Mut, als sie ihn erkannte. Es war Otto, ihr deutscher Gehilfe, der schon seit einigen Monaten für sie arbeitete. Sein Gesicht hatte einen brutalen Ausdruck und war hart und kalt wie Eis.

Sie trat näher heran und fragte: „Was ist geschehen?"

„Eine gute Frage", antwortete einer der Männer. „Ich habe alles mit angesehen. Der alte Mann kam die Straße entlang, als der da" – dabei zeigte er auf Otto – „ihn mit voller Absicht an die Wand drückte und sein Gesicht gegen die Steine schlug!"

Ärger, Schock und Entsetzen durchfuhren Corrie, gefolgt von schrecklicher Traurigkeit.

„Oh, Otto, wie konntest du das tun?", schimpfte sie. Über

seine Lippen kam keine Antwort, aber sein hasserfüllter Blick ließ sie vor Angst erschaudern. Sie bückte sich nieder, hob Christoffels Hut auf und ging wieder zurück in den Laden. Otto folgte ihr mit erhobenem Haupt und festen Schrittes. Die kleine Gruppe von Menschen hinter ihnen stand noch kurze Zeit zusammen, dann entfernte sie sich.

„Warte hier, bitte!", sagte Corrie zu Otto, als er hinter ihr her in den Laden kam. Dann ging sie durch die Werkstatt über die Diele ins Esszimmer. Betsie begegnete ihr an der Tür und sagte in leisem Ton einige Worte zu ihr.

„Ich habe das Blut von seinem Gesicht abgewaschen und ihm eine Tasse Kaffee angeboten, aber er hat kein Wort gesagt, nicht einmal zu Vater. Corrie, weißt du, was passiert ist?"

„Ich fürchte, ja", antwortete sie traurig. „Bitte Vater, dass er zur Diele komme. Dann werde ich euch beiden davon berichten."

Als Corrie ihnen alles erzählt hatte, schauten Casper und Betsie traurig und enttäuscht drein.

„Wir hätten auf Willem hören sollen", fügte sie hinzu. „Er hat uns vor ihm gewarnt."

„Ich habe immer wieder gehofft, dass unser Verhalten einen positiven Eindruck auf Otto machen würde und er sich änderte", sagte der Vater.

„Nun, Vater, leider hat er dies nicht", meinte Corrie. „Zuerst kommt er nicht mehr zu den Morgen- und Abendandachten, und wir gehen darüber hinweg. Dann benimmt er sich so böse gegenüber Christoffels und hat ihn mit Sticheleien geärgert, und wir tun so, als sähen wir es nicht. Aber jetzt müssen wir etwas unternehmen."

„Ich werde gehen und mit ihm darüber sprechen", schlug der Vater vor.

„O ja, Vater, tu das", pflichtete Betsie bei. „Er wird einsehen, dass er Unrecht hat." Corrie schüttelte den Kopf und bemerkte mit ernster Miene: „Das bezweifle ich."

Casper ging in den Laden. Er war nicht lange dort geblieben, aber seine Töchter hatten den Eindruck, er sei um Jahre gealtert, als er zurückkam.

„Ich musste Otto entlassen", bemerkte er und schüttelte dabei den Kopf, als könnte er noch gar nicht glauben, was geschehen war. Denn dies war das erste Mal, dass er einen Angestellten hinauswerfen musste. „Er war uneinsichtig und hat keinerlei Reue gezeigt."

Betsie legte den Arm um die Schultern ihres Vaters, während Corrie in den Laden ging. Otto packte gerade seine Sachen. Als er sie alle zusammengebündelt hatte, ging er zur Tür, stieß sie auf und schritt nach draußen, wandte sich aber noch einmal kurz nach ihr um. Sein Ausdruck war voller Verachtung.

Die ten Booms und Christoffels gingen wieder an die Arbeit. Sie wussten aber, dass ein großes Unheil seine Schatten auf sie geworfen hatte.

„Ihr müsst bedenken", gab Corrie zu verstehen, „es gibt Tausende von jungen Leuten in Deutschland und einige sogar in Holland, die sich genauso verhalten wie Otto. Sie sind überzeugte Nazis, und man hat ihnen beigebracht, dass Kranke und Schwache kein Lebensrecht haben."

„Aber er war doch immer so freundlich mir gegenüber", meinte Casper. „Und ich bin älter als Christoffels."

„Ja, aber du bist für ihn eine Autorität. Die Nazis werden angewiesen, Autoritäten zu achten und ihnen sogar blind zu gehorchen, wie Willem sagt", erinnerte ihn Corrie. „Wohin wird dies noch alles führen?"

„Es hat schon zum Krieg geführt", bemerkte Willem ernst. Die ten Booms, ebenso wie die meisten anderen Familien in Europa hatten gerade die erschreckende Nachricht vom Überfall der Deutschen auf Polen vernommen.

Der Winter war dem Frühling gewichen und der Frühling in den Sommer übergegangen. Das Getreide war gereift, man hatte es abgeerntet. Nun wurde das Wetter etwas kühler. Die Landschaft zeigte schon die wunderschönen herbstlichen Töne der neuen Jahreszeit.

Für die Menschen in Europa aber war das Leben alles andere
als angenehm und erfreulich, wenn sie zusammen um ihre Radioapparate saßen und ängstlich auf Nachrichten von neuen
Vorstößen warteten, die Adolf Hitler unternahm. Drei Jahre lang
hatte er gebraucht, um seine Armee, seine Flotte und seine Luftwaffe aufzubauen. Dann hatte er die Tschechoslowakei besetzt
und Verträge mit Italien und Russland abgeschlossen. Dann rückten die Deutschen in Polen ein und bombardierten seine Städte
aus der Luft.

„Gibt es da gar keinen Ausweg?", fragte Betsie. Willem schüttelte den Kopf und meinte: „Als mit Polen Verbündeter wird
England Deutschland den Krieg erklären müssen."

„Aber erst vor zwanzig Jahren haben sich die Führer der einzelnen Nationen zusammengesetzt, um zu verhindern, dass es jemals wieder Krieg geben sollte", gab Corrie zu bedenken. „Ver-
einbarungen wurden getroffen und von allen beteiligten Nationen unterzeichnet."

„Übereinkommen gelten nur etwas unter Ehrenmännern", sagte
der Vater.

„Ganz genau", warf Willem ein. „Und Hitler ist kein Ehren-
mann."

„Meint ihr, Holland könnte diesmal neutral bleiben?", fragte
Betsie. Ihr Bruder schüttelte den Kopf.

„Hitler hat nur ein Ziel, die großdeutsche Nation zu Macht
und Ehre zu bringen, und natürlich auch sich selbst. Wenn ihm
Holland auf diesem Wege nützlich sein kann, wird er dies aus-
nutzen, ob wir neutral sind oder nicht."

Drei Tage später erklärte Großbritannien Deutschland den
Krieg, doch zu dem Zeitpunkt war die Armee des Landes bereits
entscheidend geschwächt. Es dauerte nicht lange, bis das Land
völlig besiegt war und unter deutscher Herrschaft stand.

Während England und Deutschland gegeneinander zum Krieg
rüsteten, waren die englischen Truppen, die man eilig in Stel-
lungen in Frankreich und Belgien geschickt hatte, in angespann-
ter Erwartung von Kampfhandlungen.

* * *

Voll Entsetzen wachte Corrie auf. Es war noch ganz früh morgens, aber man hörte schrecklichen, ohrenbetäubenden Lärm. Was sie in Erfahrung brachte, traf sie wie ein Schlag ins Gesicht. Deutschland hatte Holland überfallen.

Sie stand auf und ging zu Betsie ins Zimmer. Ihre Schwester war schon wach und saß auf dem Bett. Beide Frauen drängten sich erschrocken aneinander, als ganz in der Nähe Bomben explodierten und ein grelles Licht am Himmel aufblitzte.

„Sie bombardieren sicher den kleinen Flughafen bei Haarlem", meinte Corrie.

„Komm, lass uns beten", schlug Betsie vor. Sie schlichen sich ins Wohnzimmer und knieten nebeneinander nieder.

„O Herr, wir bitten dich, segne unsere Königin Wilhelmina, gib der holländischen Regierung Weisheit und tröste die Verletzten und Sterbenden", betete Corrie.

„Wir bitten dich auch, dass du den Deutschen gnädig bist", fügte Betsie hinzu. Corrie schaute erstaunt ihre Schwester an, die aber fuhr leise fort: „Wir wissen, dass die Männer da oben, die die Bomben auf uns werfen, in der Hand böser satanischer Mächte sind und dass auch sie deine Hilfe brauchen."

Jetzt betete auch Corrie weiter: „Lieber Herr, erhöre bitte Betsie, denn ich kann einfach nicht für die Deutschen beten."

Plötzlich entstand ein Bild vor ihrem inneren Auge. Es war klar bis in alle Einzelheiten. Sie konnte den Marktplatz mit St. Bavo und dem Rathaus im Hintergrund sehen. Im Vordergrund bewegte sich etwas über das Pflaster. Es war ein Wagen, der von vier schwarzen Pferden gezogen wurde. Im hinteren Teil des Wagens saßen Menschen, die sie kannte. Es waren sie selbst, ihr Vater, Betsie, Willem, und Nollie mit ihrem musikalisch begabten Sohn Peter. Sie wurden alle an einen Ort gebracht, an den sie nicht kommen wollten.

Sie schauderte und sagte: „Ich hatte eben eine Art Albtraum. Betsie, es war schrecklich!"

„Komm, wir kochen uns eine Kanne Kaffee", schlug ihre Schwester vor.

Sie saßen neben dem Ofen, tranken ihren heißen Kaffee, während Corrie ihren schrecklichen Traum erzählte. Dann fragte sie: „Was hat das alles zu bedeuten?"

„Ich weiß es nicht", antwortete Betsie, „aber vielleicht lässt dich Gott ein wenig in die Zukunft schauen, damit du dann, wenn es so weit ist, wissen kannst, dass es sein Plan war."

\* \* \*

Die ebene, weit ausladende holländische Landschaft mit ihren wunderschönen Frühlingsblumen und dem in allen Schattierungen glänzenden grünen Wiesenteppich, der von lieblichen Kanälen unterbrochen wurde, bildete den Hintergrund für deutsche Fallschirmjäger, die darauf landeten, und deutsche Panzer, die dröhnend darüber fuhren. Über allem wölbte sich der Himmel wie ein mächtiger Dom.

Holland leistete tapferen Widerstand, aber seine Regierenden hatten nicht mit einem Angriff aus der Luft gerechnet. Zudem war die holländische Luftwaffe und Armee zahlenmäßig unterlegen. Es fehlte ihnen an Kriegserfahrung und auch an den nötigen Waffen.

Um die Eindringlinge aufzuhalten, öffnete man die Deiche und setzte weite Landstriche unter Wasser. Hitler wollte das kleine Land in einem Blitzkrieg erobern. Deshalb ließ er der holländischen Regierung folgende Nachricht zukommen: „Ergeben Sie sich, oder ich zerstöre Rotterdam!"

Während die Verhandlungen noch im Gange waren, begann schon die Bombardierung, und bald lag Hollands größter Hafen in Trümmern. Als Hitler dieselbe Drohung im Blick auf Utrecht aussprach, kapitulierte die holländische Regierung. Die Eroberung Hollands hatte nur fünf Tage gedauert.

„Was soll jetzt geschehen – unsere Königin und die Regierung sind nach England geflüchtet?", fragte Corrie. Wie viele andere ihrer Landsleute konnte sie es nicht verstehen, dass die holländische Regierung das Land verlassen hatte. In ihren Augen war sie desertiert.

„Ich bin überzeugt, sie werden auch von dort aus weiterhin das Beste für uns tun", beruhigte sie ihr Vater, und Willem stimmte ihm zu: „Ich glaube, wir können dankbar sein, dass unsere holländischen Soldaten Den Haag so lange verteidigen konnten, bis unsere Königin und die Minister Gelegenheit hatten zu entkommen. Sie können vom Ausland aus mehr Gutes für unser Land tun, als wenn sie hier geblieben wären und jetzt unter der Naziherrschaft stünden."

„Vielleicht wird alles gar nicht so schlimm", warf Betsie ein. „Die deutschen Soldaten machen einen sehr ordentlichen Eindruck."

„O ja, sie können sich aber auch ganz anders benehmen", antwortete Willem. „Das werden besonders unsere jüdischen Freunde zu spüren bekommen." Vater machte ein niedergeschlagenes Gesicht, wenn er an die Großhändler in Amsterdam dachte, von denen er die Ersatzteile für seine Uhren bezog, an den Rabbi in Haarlem und an viele andere Juden, die er zu seinen Freunden zählte oder mit denen er seit Jahren geschäftlich zu tun hatte. Corrie konnte seine Gedanken lesen und wurde darüber traurig. Sie wandte sich an Willem, der schon vor längerer Zeit einen Aufsatz geschrieben hatte, in dem er die Menschen vor dem warnte, was kommen würde und was er vorausgesehen hatte. Sie fragte ihn: „Was hat Hitler eigentlich gegen die Juden?"

„Das weiß keiner genau", antwortete ihr Bruder. „Doch ich glaube, sie sind seine Sündenböcke. Er braucht jemanden, den er für Deutschlands Niederlage im Ersten Weltkrieg verantwortlich machen kann. Aus irgendeinem Grunde schob er dann den Juden die Schuld in die Schuhe."

„Aber warum ist er gegen die Alten und die Schwachen?", fragte Betsie. „Sie können ihm doch nichts zuleide tun."

„Das vielleicht nicht", antwortete Willem. „Aber sie sind ihm im Weg bei seinem ehrgeizigen Ziel, eine Rasse von starken, klugen und reinen Germanen zu schaffen, die eines Tages mit ihm zusammen ganz Europa beherrschen sollen."

„Das ist doch unmöglich!", rief Corrie dazwischen.

„Wir können nur dafür beten, dass du Recht behältst", sagte ihr Vater.

\* \* \*

Zunächst erzielte der kleine Laden gute Gewinne. Die gut bezahlten deutschen Soldaten kamen oft ins Geschäft. Wie Betsie gesagt hatte, benahmen sie sich zunächst auch sehr anständig. Die Holländer aber waren verzweifelt, dass die Deutschen im Lande waren. Dadurch wurden sie immer wieder daran erinnert, dass sie keine freien und unabhängigen Menschen mehr waren. Zudem erließen die Deutschen ständig neue Vorschriften:

„Jeder muss einen Pass besitzen."

„Niemand darf nach zehn Uhr ... acht Uhr ... sechs Uhr auf der Straße sein."

„Keine holländischen Flaggen dürfen gehisst und auch die holländische Nationalhymne darf nicht gesungen werden."

„Alle Juden müssen ständig den Davidsstern tragen."

„Niemand darf die Nachrichten der BBC hören."

„Alle Radioapparate müssen abgegeben werden."

„Einen Radioapparat werde ich abgeben, den andern aber behalten", bestimmte Corrie. „Wir müssen wissen, was die Stunde schlägt. Aus den Zeitungen erfahren wir jetzt doch nicht die Wahrheit."

Die Nazis hatten alle holländischen Zeitungen beschlagnahmt und druckten in ihnen die Hitlerreden und die Meldungen von den großen deutschen Siegen ab. In den ersten eineinhalb Jahren des Krieges hatte es ja auch viele deutsche Siege gegeben. Polen, Holland, Belgien und Frankreich waren erobert und ein Land nach dem andern besetzt worden. Die britischen Truppen waren aus Dünkirchen vertrieben worden. Viele Soldaten hatten sich zwar retten können, aber ihre wertvolle Ausrüstung hatten sie zurücklassen müssen.

Doch danach liefen die Dinge für Deutschland nicht mehr so gut. Es hatte Russland angegriffen und musste erleben, wie sich dieses Land mutig verteidigte. England schien den Luftkrieg zu gewinnen. Natürlich stellten die Zeitungen alles ganz anders dar, aber viele Leute erfuhren die Wahrheit, weil sie heimlich englische Sender hörten.

„O Vater, schon wieder hat man ein Restaurant für Juden gesperrt", bemerkte Corrie traurig und zeigte dabei auf ein Schild mit der Aufschrift: „Juden werden hier nicht bedient!"

Es war ein milder Dezembertag. Regen war gefallen. Hier und dort standen Pfützen auf den Wegen. Holland war nun schon neunzehn Monate unter deutscher Herrschaft.

Casper machte mittlerweile den Eindruck eines alten, gebrechlichen Menschen. Er starrte auf das Schild und schüttelte seinen Kopf. Dabei bemerkte er: „Willem hatte doch Recht. Was damals in Deutschland geschehen ist, geschieht jetzt hier. Alles wird den Juden genommen – ihre Häuser, ihr Beruf und alle ihre Rechte."

Corrie seufzte, während sie langsam weitergingen.

„Mein armer Vater", dachte sie. Diese Spaziergänge bereiten ihm keine Freude mehr, die er doch früher so genossen hatte. Wie gern blieb er stehen, um Freunde und Nachbarn zu begrüßen und sich mit ihnen zu unterhalten. Jetzt aber gingen die Leute am liebsten gar nicht mehr auf die Straße, um keinem deutschen Soldaten zu begegnen.

Heute war der Markt voll von Deutschen. Corrie fragte sich, was denn wohl los sei. Sie ging mit ihrem Vater dorthin und stellte sich hinter die Reihe von Soldaten, bis sie erkennen konnte, was geschah.

Vor dem Fischmarkt stand ein Lastwagen. Männer, Frauen und Kinder wurden in dieses Fahrzeug getrieben. Sie alle trugen den gelben Judenstern.

„Wo werden sie wohl hingebracht?", wollte sie wissen. Die offizielle deutsche Antwort lautete: „In Arbeitslager." Es drangen jedoch Gerüchte durch, dass es noch andere Lager gab, die die Deutschen in Polen und an anderen Orten errichtet hatten, sogenannte Konzentrationslager. Würden diese armen Menschen in einem solchen Lager enden?

Ein Schauder erfasste sie. Der Lastwagen fuhr weg, die Soldaten marschierten wieder ab und Corrie und ihr Vater machten sich auf den Heimweg.

„Armes Deutschland", stöhnte Casper plötzlich. „Seine Menschen werden bitter bezahlen müssen für das, was sie jetzt den Juden antun."

Schweigend gingen sie weiter. Eine alte Zeitung lag vor ihnen und Corrie schritt darüber hinweg. Sie musste fast bei dem Gedanken lächeln, dass sie noch voll von deutschen Siegesmeldungen waren, obwohl es doch in Wahrheit auf allen Gebieten bergab ging.

Die Russen, die sich seit dem vergangenen Juni tapfer verteidigt hatten, waren nun zum Gegenangriff übergegangen.

Einen Tag später war Japan auf der Seite Deutschlands in den Krieg eingetreten. Aber durch seinen Angriff auf Pearl Harbour war auch Amerika in den Krieg verwickelt worden. Damit hatte England einen neuen, reichen und mächtigen Verbündeten. Gemeinsam würden England, Russland und Amerika den Krieg sicher gewinnen.

„Herr, schenke, dass dies bald geschieht", betete sie.

Dann erreichten sie ihr Haus. Sie half ihrem Vater die Stufen hinauf und war froh, dass sie die Tür hinter sich zumachen konnte.

# 6. Als Leiterin in der Widerstandsbewegung

Corrie saß im Zug nach Hilversum. Das Abteil war voll und sehr schmutzig. Der Zug hielt oft, und man musste lange warten.

Früher vor der Besetzung war es ein Vergnügen, mit der holländischen Eisenbahn zu fahren. Doch das war längst vorbei.

Sie schaute aus dem Fenster und konnte aus dem vorbeifahrenden Zug gerade noch eine Szene auf der Straße erkennen. Alle Fahrradfahrer wurden angehalten. Soldaten hatten eine Straßensperre errichtet und beschlagnahmten alle Fahrräder.

„Armes Holland!", dachte Corrie. Seit zwei Jahren nahmen ihnen die Nazis junge Leute, Nahrungsmittel, Kleider und Waffen und alles, was sie sonst noch in Deutschland gebrauchen konnten, weg.

Sie versuchte ihre Gedanken ein wenig zu ordnen. Es war in letzter Zeit so vieles geschehen und sie musste unbedingt mit Willem darüber reden.

Drei Juden hatten bei ihnen angeklopft und um Hilfe gebeten. Sie hatten sie aufgenommen. Darin sah Corrie die Antwort auf ihr Gebet.

„Lieber Herr, dein Volk, die Juden, müssen schrecklich leiden. Wenn ich ihnen irgendwie und zu irgendeiner Zeit helfen kann, dann gebrauche du mich."

Und jetzt sah es so aus, als ob Gott ihr Gebet erhört habe. Doch es war eine Sache, die Flüchtlinge aufzunehmen, eine zweite aber, was dann mit ihnen geschehen sollte. Sicher würde Willem ihr helfen können.

Sechs Monate vorher war Herr Weils, der Besitzer des gegenüberliegenden Pelzgeschäftes, von deutschen Soldaten aus seinem Haus gezerrt und auf die Straße geworfen worden. Sie und Betsie hatten ihn über Nacht bei sich aufgenommen. Willem hatte dann einen sicheren Platz auf dem Lande ausgemacht, wo man ihn unterbringen konnte.

Der Zug erreichte sein Ziel und Corrie machte sich auf den

Weg zum Altenheim. Es war ein wunderschöner Frühlingstag, aber die Schönheit der Natur spiegelte sich nicht in den Gesichtern der Menschen wider. Viele schauten abgespannt, andere ängstlich drein.

Sie kam zu dem großen Haus und läutete. Tine öffnete die Tür und hieß sie herzlich willkommen. Corrie unterhielt sich zunächst ein wenig mit ihren Neffen und Nichten, dann war sie mit Willem allein.

„Du wirkst so müde. Geht es dir nicht gut?", fragte sie ihren Bruder und schaute in sein von Sorgen zerquältes Gesicht. Er schüttelte den Kopf.

„Mir geht es gut", bemerkte er. „Wir sind nur ein wenig überbelegt und haben alle Hände voll zu tun. Immer mehr Juden kommen bei uns an."

„Deshalb komme ich ja grade zu dir", sagte Corrie. „Wir haben drei heimatlose Juden bei uns aufgenommen. Aber es ist gefährlich, wenn sie so nahe bei der Polizeistation wohnen. Deshalb wollte ich fragen, ob du nicht ein sicheres Versteck für sie finden kannst wie damals für die Weils."

Erstaunt hielt sie inne, als sie merkte, dass Willem mit dem Kopf schüttelte.

„Corrie, ich wünschte, ich könnte dir helfen, aber es geht nicht", antwortete er gequält. „Ich habe hier alle Hände voll zu tun und man überwacht mich bereits."

„Ja", sagte Corrie. „Aber was soll ich mit diesen armen Menschen machen? Und es werden bestimmt noch mehr kommen!"

„Da gibt es nur einen Weg", meinte Willem. „Ihr müsst in Haarlem eine Gruppe aufbauen."

Corrie starrte ihn an.

„Eine Gruppe? Was meinst du damit?"

„Eine Widerstandsgruppe im Untergrund", sagte ihr Bruder zögernd. Corries Augen wurden immer größer.

„Bist du etwa ...", begann sie, „ein Mitglied der holländischen Untergrundbewegung?", fuhr Willem an ihrer Stelle fort. „Ja natürlich, Corrie, das bin ich. Wie könnte ich sonst helfen und auf diese Weise Juden verstecken? Ich weiß nicht, was du schon alles von der Untergrundbewegung gehört hast. Wir sind aber nicht nur Leute, die Brücken in die Luft sprengen und töten."

„Was macht ihr denn dann?", fragte Corrie noch ganz irritiert, obwohl sie schon vorher vermutet hatte, dass Willem und sein großer blonder Sohn Kik in einer solchen Gruppe engagiert waren.

„Du weißt ja, dass die Juden keine Lebensmittelkarten, keine Aufenthaltserlaubnis und ähnlich nötige Dinge bekommen. Deshalb versorgen wir sie mit dem, was sie brauchen", antwortete Willem.

„Wie?", wollte Corrie wissen.

„Das ist ganz unterschiedlich", antwortete ihr Bruder beiläufig. „Wir nehmen Kontakt auf mit Gleichgesinnten, mit Läden, Krankenhäusern, Verwaltungen und Regierungsstellen. Wir versuchen heimlich, Lebensmittelkarten zu beschaffen und fälschen Papiere."

„Meinst du wirklich, ich könnte dies auch tun?"

„Nun, könntest du es nicht?", stellte Willem sie auf die Probe und schaute sie dabei durchdringend an. Sie blieb still und er fuhr fort: „Corrie, die Seuche des Nationalsozialismus breitet sich rasend schnell aus. Überall in Holland treten junge Leute der Nazibewegung bei und helfen den Deutschen. Wir müssen etwas dagegen unternehmen, um diese Entwicklung aufzuhalten. Eine Möglichkeit dazu bietet uns die Widerstandsbewegung. Wir können keinen offenen Widerstand leisten, deshalb muss es heimlich geschehen. Corrie, denk darüber nach!"

Corrie schwirrte der Kopf, als sie nach Hause reiste. Was Willem vorschlug, war unmöglich.

Oder war es doch möglich?

„Überall in Haarlem haben wir Freunde", machte sie sich klar. „Da sind die anderen Uhrmacher, mit denen Vater befreundet ist, und auch die vielen Menschen, denen meine Eltern Gutes getan haben."

„Lieber Herr", betete sie, „wenn du willst, dass ich diese Arbeit tun soll, dann gib mir bitte auch die Kraft dazu, die Helfer und die nötigen Verbindungen."

Plötzlich kam ihr jemand in den Sinn. Es war der Vater eines Kindes aus ihrer Behindertengruppe. Früher hatte er für eine Elektrizitätsgesellschaft den Strom abgelesen, jetzt arbeitete er in einem Büro, das Lebensmittelkarten verteilte. „Würde dieser Mann, Fred Koornstra, mir helfen, zusätzliche Lebensmittelkarten zu bekommen?", fragte sie sich.

Und dann hatte sie noch einen Bekannten im Telefonamt. Würde er es möglich machen können, dass sie heimlich wieder einen Telefonanschluss hätten?

Ein Gesicht nach dem andern, ein Name nach dem andern kam ihr in den Sinn: ein junger Mann, der Kurierdienste leisten konnte, eine Krankenschwester, die Medikamente beschaffen konnte, ein Geschäftsinhaber, der seinen Firmenwagen zur Verfügung stellen konnte.

Corrie und Betsie besprachen alles, beteten darüber und schmiedeten Pläne. Als immer mehr Juden ankamen, richtete Betsie die Betten und kochte mehr Essen, während Corrie und ihr ständig wachsendes Team von Helfern sichere Verstecke für sie suchten, den Transport organisierten und Lebensmittelkarten beschafften.

\* \* \*

„Betsie, es war wunderbar! Wir hatten bei unserer geheimen Zusammenkunft Rechtsanwälte, Architekten, Briefträger, Musiker, Fabrikarbeiter, Angehörige der holländischen Polizei – Leute aus den verschiedensten Berufssparten, die alle für den Widerstand arbeiten. Ich kam mir unter ihnen recht unbedeutend vor, aber sie waren alle sehr nett!"

Corrie saß auf Betsies Bett und berichtete ihr vom ersten Zusammentreffen mit Führern der holländischen Widerstandsbewegung. Etwas früher an diesem Abend, jedoch nach der Sperrstunde, war Kik zu ihr gekommen und sie waren gemeinsam unheimlich schnell mit dem Fahrrad durch die dunklen Straßen zu dem Haus gefahren, wo sie sich alle versammelten.

„Was machen sie eigentlich?", wollte Betsie wissen.

„Ihre Hauptaufgabe besteht darin, mit den englischen und den freien holländischen Streitkräften außerhalb des Landes in Verbindung zu bleiben", sagte Corrie. „Und sie unterstützen natürlich die Engländer und Amerikaner innerhalb Hollands. Erinnerst du dich noch an das Flugzeug, das in der Nähe von Zandvoort abgestürzt ist? Nun, einige Mitglieder der Widerstandsbewegung konnten die Mannschaft retten und sie sicher an die Nordseeküste bringen. Sie haben dafür ganz bestimmte geheime Wege vorbereitet."

„Tapfere Leute!", lobte Betsie. „Kennen wir einige von ihnen?"

„Sie heißen alle Smit", antwortete Corrie und lachte dabei. „Einer von ihnen kommt bald zu uns. Sie meinen, wir sollten ein Versteck zur Verfügung stellen, und Herr ‚Smit' will sich das Ganze einmal ansehen."

„Meine Güte! Das Haus ist bereits voller Verstecke!", rief Betsie. Dabei dachte sie an die Nischen unter den Treppen – in einer war ihr Radioapparat, in einer anderen etwas Geld und Schmuck und in einer dritten die hundert Lebensmittelkarten, die Fred Koornstra bereitwillig zur Verfügung gestellt hatte.

Einige Tage später kam Herr „Smit". Corrie begleitete ihn bei seinem Rundgang durch das Haus. Er betastete die Wände und die Fußböden, schaute sich die Decken genau an und plante seine Vorhaben. Schließlich erreichte er das oberste Stockwerk und schien ganz begeistert von den kleinen Zimmern, die er dort vorfand. Nachdem er weiter die Wände abgeklopft und ausgemessen hatte, ging er in ein Zimmer und erklärte: „Hier bauen wir ein Versteck aus. Es eignet sich hervorragend."

„Das ist mein Schlafzimmer!", protestierte Corrie.

Dann kamen weitere Besucher und brachten Ziegelsteine, Nägel, Hämmer und Zement. Casper schüttelte jedem Neuankömmling herzlich die Hand. Aber nach einiger Zeit rief er doch etwas erstaunt: „So viele Smits, es ist kaum zu glauben!"

Nach sechs Tagen betrachteten Corrie, Betsie und Casper erstaunt das Zimmer.

„Es sieht eigentlich genauso aus wie vorher", rief Betsie. „Ja, genau so!", meinte Corrie. „Niemand käme auf die Idee, dass dies eine neue Wand ist." Sie strich mit der Hand über die anscheinend vergilbte Oberfläche.

Herr Smit schlug etwas fester an die Wand. „Hören Sie etwas?", fragte er mit einem gewissen Stolz. „Massive Steinwand, genau wie die andern drei Wände. Wenn ich Holz benutzt hätte, hätte es hohl geklungen."

„Erstaunlich, Herr Smit", freute sich Casper. „Und das alles in so kurzer Zeit."

Herr Smit lächelte. Dann ging er auf einige Regale zu, die an der Wand angebracht waren. Sie sahen auch nicht mehr neu aus. Er griff unter das unterste Regalbrett und schob einen Riegel zurück.

„Nach Ihnen", sagte er zu Corrie und Betsie. Sie bückten sich, um durch die Öffnung hindurchzukriechen, standen wieder auf und fanden sich in einem kleinen Raum vor. Herr Smit folgte ihnen.

„Wunderbar!", staunte Betsie.

„Hier können acht Menschen aufrecht stehend unterkommen", meinte Herr Smit. „Und dort ist eine Lüftungsklappe zur Außenwand hin. Man muss eine Matratze auf den Boden legen und Wasser und Zwieback für alle Notfälle aufbewahren."

Sie krochen durch die Öffnung zurück und kamen wieder zu Casper, der in Corries Schlafzimmer geblieben war.

„Als Nächstes", schlug Herr Smit vor, „brauchen wir ein Alarmsystem. Wir müssen das ganze Haus mit Leitungen versehen und in fast allen Räumen Alarmknöpfe anbringen, so dass man jeden im Hause warnen kann. Dann müssen die Gäste fleißig üben, wie man im Versteck verschwindet. Das müssen sie so lange trainieren, bis sie in weniger als einer Minute mit ihrem Notgepäck dort verschwinden können."

„Ich habe noch einen Helfer namens Leonard, einen sehr geschickten Mann", bemerkte Corrie. „Er könnte uns die Leitungen legen. Dann fangen wir gleich mit den Übungen an. Weniger als eine Minute aber scheint mir doch unmöglich zu sein!"

Seit dem Sommer kamen jetzt immer wieder Flüchtlinge und das kleine Haus wurde zu einem Zentrum der Untergrundaktivitäten. Mit ganzem Eifer stürzte sich Corrie in ihre neue Aufgabe.

Vater arbeitete im Geschäft und Betsie versuchte ihm zu helfen und zugleich die Arbeit in der Küche zu überwachen, wo einige jüdische Gäste und ein Paar aus Corries Team die Kartoffeln für zwölf Personen schälten, die an diesem Tag um den ovalen Tisch im Speisezimmer die Mahlzeiten einnahmen.

Oben in ihrem Zimmer hatte Corrie einen Stoß von Papieren um sich und Leute, um die sie sich zu kümmern hatte.

Ein junger Mann trat ein und sagte: „Ich traf Fred in seiner Uniform als Angestellter der Stadtwerke. Er trug mir auf, dir zu sagen, dass er gerade zwei Dutzend Lebensmittelkarten an die übliche Stelle gelegt habe."

„Vielen Dank, Nils!", sagte Corrie. „Fünf von ihnen brauchen wir sofort. Ist es dir möglich, sie zu dieser Adresse zu bringen?" Sie hielt ihm ein Stück Papier vor die Augen. Nils betrachtete es einen Augenblick sehr aufmerksam und bemerkte dann: „Ich kann sie im Gedächtnis behalten." Dann ging er.

Ein anderer Mann kam. „Gute Nachrichten, Corrie", begrüßte er sie. „Ich habe eine Familie entdeckt, die bereit ist, bis zu drei Juden aufzunehmen. Ich denke, dort sind sie sicher."

„Ich verlasse mich auf dein Urteil, Hank", antwortete Corrie. „In der Tat haben wir hier zwei neue Juden. Sie sind letzte Nacht angekommen. Vielleicht kannst du dich mit ihnen bekannt machen und dann alle nötigen Vorkehrungen treffen. Sie sind gerade in der Küche. Es wäre gut, wenn du schon für heute Abend eine Beförderungsmöglichkeit für sie hättest. Denn im Augenblick sind wir hier überbelegt."

„Ich will tun, was ich kann", gab Hank zur Antwort, als er ging.

„Hast du für mich eine Aufgabe?", fragte eine junge Frau, die das Zimmer betrat. Lächelnd betrachtete Corrie ihren zarten angespannten Gesichtsausdruck. Sie hatte Freude an solchen mutigen Helfern.

„Ich habe hier drei Adressen. Mary, würdest du sie einmal überprüfen? Du solltest dich vergewissern, dass niemand von ihnen in der Nachbarschaft von holländischen Nazis oder in einer Gefahrenzone lebt."

„Das werde ich gerne tun." Mary nahm die Liste und studierte sie kurz, bevor sie aufbrach.

Corrie beugte sich erneut über ihre Akten.

Wieder traten zwei Personen ein. Eine von ihnen kannte sie.

„Hallo Peter", begrüßte sie ihn.

„Hallo", antwortete er. „Das ist Kurt. Er ist deutscher Soldat, aber er kann es nicht länger ertragen, für die Nazis zu arbeiten. Ich bin sicher, wir können ihm vertrauen."

Corrie schaute sich den Fremden lange und eingehend an. Sie blickte in ein noch sehr junges Gesicht mit ehrlichen, aber etwas traurigen Augen.

„Bitte, glauben Sie mir, Fräulein ten Boom", sagte er. „Es war schon lange mein Wunsch, aus der Armee zu flüchten, und ich habe immer nach einem Ausweg gesucht."

„In Ordnung, Kurt", erwiderte Corrie mit einem Lächeln. „Wir können ganz bestimmt deine Uniform gebrauchen. Deshalb gib sie unseren jungen Leuten zusammen mit allen andern Dingen, die uns nützlich sein könnten. Wir haben einen Bauernhof, wo du noch andere antreffen wirst, die die gleiche Entscheidung wie du getroffen haben." Sie wandte sich wieder an Peter: „Kann ich es dir dann überlassen, alle Einzelheiten zu regeln?"

Sie wechselten noch einige Sätze miteinander und gingen dann, als plötzlich Betsie hereinkam. Sie hielt eine Tasse Tee in der Hand und ein Schreiben.

„Jemand hat geklingelt und diesen Brief abgegeben", erklärte sie.

„Vielen Dank, Betsie." Corrie nahm einen Schluck Tee und

öffnete dann den Brief. Bedenklich zog sie die Stirn in Falten, als sie ihn las.

„Stimmt etwas nicht?", fragte Betsie. Corrie nickte.

„Ein jüdisches Waisenhaus soll geschlossen werden. Wir müssen sofort etwas unternehmen, um die kleinen Kinder zu retten." Sie setzte sich, schloss die Augen, betete und dachte nach.

„Sag mir, wenn ich irgendetwas tun kann", bot Betsie leise ihre Hilfe beim Hinausgehen an.

„Wenn jetzt einige von unsern jungen Leuten sich Naziuniformen anzögen", überlegte Corrie, „könnten sie zu dem Waisenhaus gehen und die Herausgabe der Kinder verlangen. Dann wäre es für uns möglich, sie in verschiedenen Häusern zu verstecken. Ich glaube kaum, dass sich jemand weigern würde, ein solches Kind aufzunehmen, wenn man ihm sagte, dass es andernfalls getötet würde."

Es kamen noch zwei junge Männer, und Corrie sagte kurz: „Ihr seid genau die Leute, die ich jetzt brauche! Leonard, sammle doch bitte sieben von unsern jungen Leuten. Benutze das geheime Telefon mit dem üblichen Code. Und Harry, könntest du alles für den Transport vorbereiten? Ein Jude muss vor sechs Uhr heute Abend auf dem Tennisplatz in einer Hütte abgeholt werden, bevor die Leute dort zum Sport kommen."

Der Tag war sehr ausgefüllt und verging wie im Nu. Es gab nur kurze Unterbrechungen zum Essen. Am Abend legte Corrie ihre Akten beiseite und kam ins Esszimmer. Betsie, Casper und die andern sieben Hausbewohner waren schon da.

„Corrie, ich bin so froh, dass du heute Abend bei uns bist." Der Vater hielt ein Notizbuch in der Hand. Mit seinen 84 Jahren wollte er immer noch etwas dazulernen.

„Ich versäume niemals Marys Italienischstunden, wenn es irgend möglich ist", antwortete Corrie lächelnd und setzte sich auf einen Stuhl. Mary war die Älteste unter ihren Gästen und litt an Asthma. Sie fing gerade mit dem Unterricht an.

Die Atmosphäre war entspannt. Corrie versuchte die Anspannung dieses Tages zu vergessen und sich auf das Sprachstudium zu konzentrieren. Aber sie musste dabei doch immer wieder an ihre „Familie" denken und fragte sich, wie lange das alles so weitergehen könnte. Denn wenn so viele Menschen bei ihnen aus und ein gingen, würde man doch sicher Verdacht schöpfen, dass ein alter Uhrmacher und seine beiden unverheirateten Töchter nicht die einzigen Bewohner dieses Eckhauses sein konnten.

Was würde dann mit ihrem Vater, mit Betsie, mit ihr und mit all den andern im Hause geschehen? Gewiss, viele kamen und gingen wieder, aber es waren doch wenigstens sieben Menschen, die ständig im Hause waren. Einige von ihnen waren Juden, die andern gehörten zur Untergrundbewegung.

Sie nahm an ihrem Schicksal Anteil. Da war Eusie, die Hebräischunterricht erteilte und mit dem Vater über das Alte Testament diskutierte; Mary, die auch unterrichtete; Thea, die wunderbar Klavier spielte; Leonard, der den Hausmeisterposten inne hatte und die Geige beherrschte.

„Wir sind alle in großer Gefahr", dachte Corrie bei sich. „Und doch herrscht in diesem so belebten Hause eine frohe Atmosphäre. Das ist Gottes Werk. Er schenkt uns Frieden und Freuden und führt uns Schritt für Schritt."

Der Abend fand einen glücklichen, harmonischen Ausklang. Der Vater hielt die Abendandacht und ging dann zu Bett. Die andern folgten ihm kurz darauf. Nur Corrie zögerte noch. Sie war müde, aber es musste noch eine Sache erledigt werden, bevor sie in dieser Nacht zu Bett ging.

Langsam stieg sie durchs ganze Haus, verschloss die Türen, prüfte die Fenster und wartete, bis alles still war.

Dann eilte sie in die Eingangshalle und drückte kurz auf einen Knopf. Still stand sie da, schaute auf die Uhr und horchte angespannt.

Ein Knarren, Fußtritte und ein Hüsteln und Räuspern waren zu hören.

„Nicht schlecht", dachte sie, und stellte sich dabei vor, wie die Gäste ihre Bettlaken und alles Nötige griffen, die Decken falteten, die Matratzen umdrehten, sich in ihr Schlafzimmer begaben und sich dort in den Raum hinter der künstlichen Wand eng zusammendrückten.

Sie ging die Treppe hinauf und lächelte bei dem Gedanken daran, wie sie als Kind Versteck gespielt und gerufen hatte: „Kann ich kommen?"

Sie ging von einem Zimmer ins andere, suchte nach verdächtigen Gegenständen und befühlte jede Matratze. Zuletzt betrat sie ihr eigenes Zimmer. Hinter der Wand hörte man ziemlich deutlich Marys Keuchen. Wenn das eine echte Hausdurchsuchung gewesen wäre, hätte sie damit das Versteck verraten. Aber alle, die mit Mary in dem kleinen Verschlag waren, hatten dafür gestimmt, dass sie bleiben dürfte.

„Ihr könnt jetzt alle herauskommen!", rief Corrie. Die Klappe wurde zur Seite geschoben und sie krochen lachend und scherzend aus dem Versteck hervor.

„Es war besser als beim letzten Mal", lobte Corrie sie. „Aber ich fand noch eine warme Matratze und einen Kragenknopf. Heute habt ihr zwei Minuten gebraucht. Immerhin verdient ihr eine Belohnung."

„Die liebe Tante Corrie!", riefen sie im Chor und hüpften im Schlafzimmer herum. Sie verspeisten ihre Süßigkeit, lachten und plauderten miteinander wie ausgelassene Kinder. Tief im Inneren jedoch wussten sie, dass das Ganze nicht nur ein Spiel war.

Der Sommer ging vorüber, der Herbst zog ins Land und bald wurde es Winter. Immer wieder kamen und gingen Mitglieder der Untergrundbewegung, ebenso auch Juden ein und aus. Corrie, Betsie und ihre sieben ständigen Mitbewohner teilten zusammen das Leben in diesem Haus. Sie übten gemeinsam Chorlieder ein, versammelten sich zu den täglichen Andachten, nahmen teil an den musikalischen Darbietungen am Abend, tauschten sich über Literatur aus und lernten auch zusammen.

In den nebligen Novembertagen kam Freude auf, als man hörte, dass die Engländer die Deutschen aus Ägypten zurückdrängten und dass englische und amerikanische Truppen in Französisch-Nordafrika gelandet waren. In Holland und dem übrigen von den Nazis beherrschten Europa aber war das Leben hart und beschwerlich. Es gab weniger zu essen, weniger Treibstoff, weniger Möglichkeiten, dass junge Leute und Juden dem Horror entfliehen konnten, und jeden Tag immer neue Vorschriften, Einschränkungen und Hausdurchsuchungen durch die Gestapo.

Corrie wurde stärker beansprucht als je zuvor, und das Haus war immer überbelegt.

Zwölf Personen waren gerade zum Essen versammelt, als die Ladenglocke ertönte. Augenblicklich verstummte das Gespräch. Da die Sperrstunde schon begonnen hatte, musste der Besucher in großen Nöten sein.

Corrie stand auf und ging zur Tür. „Wer ist da?" Eine Stimme antwortete auf Deutsch: „Ein alter Freund." Corrie schloss die Tür auf und ein Mann in Uniform verschaffte sich Einlass.

„Hauptmann Altschuler", nannte er seinen Namen. „Sie kennen mich doch."

Es war Otto!

„Nun, willst du mich nicht hereinbitten, damit wir von alten Zeiten reden?", sagte er mit einem Grinsen auf dem Gesicht.

„Er hat sich nicht geändert", dachte Corrie. „Immer noch so arrogant wie früher." Aber sie zwang sich zu einem Lächeln und antwortete: „Ja natürlich." Dabei versuchte sie verzweifelt einen Alarmknopf zu drücken und ihn aufzuhalten.

Sie fing an, über alles, was ihr in den Sinn kam, zu reden. Als sie die Ladentheke erreichte, blieb sie stehen und ließ die Hand vorsichtig unter der Tischplatte entlanggleiten. Schließlich fand sie den Knopf.

„Was war das für ein Geräusch?", stieß Otto hervor.

„Ich habe nichts gehört", entgegnete Corrie. „Weißt du, Otto, hm, Hauptmann Altschuler, Christoffels ist im vergangenen Winter gestorben, wohl infolge der Kälte."

„Der alte Mann! Und wie geht es dem frommen Bibelleser?"

„Meinem Vater geht es noch verhältnismäßig gut."

Viel zu schnell kamen sie zum Esszimmer. „Vater, Betsie, ihr ahnt ja nicht, wer gekommen ist!", rief Corrie, um Zeit zu gewinnen. Aber Otto streckte seinen langen Arm aus und stieß die Tür weit auf.

Corries Herz klopfte heftig. Dann erblickte sie den Tisch und hätte beinahe vor Erleichterung tief durchgeatmet. Er war nur für drei Leute gedeckt. Vater und Betsie schauten ruhig von ihren Tellern auf und begrüßten Otto freundlich.

Er zog sich einen Stuhl heran, ließ sich darauf nieder und bemerkte lauthals: „Ich habe es ja schon immer gesagt, dass die Deutschen siegen werden. Und ich habe Recht behalten." Betsie schenkte ihm eine Tasse Tee ein. Er trank sie aus und erzählte weiter von der Macht der Deutschen und ihren Siegen.

Nach endlos erscheinenden Minuten ging er wieder fort und seine Zuhörer atmeten erleichtert auf.

„Wir dürfen die andern noch nicht herauslassen", meinte Corrie. „Es könnte sein, dass Otto zurückkommt."

„Der arme, dumme Junge!" Casper schüttelte seinen Kopf.

„Wie kann er nur der Meinung sein, dass Deutschland noch den Krieg gewinnt?", fragte Betsie. „Weiß er denn nicht, dass die deutschen Truppen in Nordafrika zurückgeschlagen wurden und dass die Russen, die Engländer und Amerikaner überall auf dem Vormarsch sind?"

„Möglicherweise ist ihm das noch unbekannt", meinte Corrie. „Er bezeichnet sich als Hauptmann, aber das ist er doch gar nicht. Und anscheinend haben ihm seine Vorgesetzten eine Menge Lügen eingetrichtert."

Nach einer halben Stunde dachte sie, die Luft sei nun rein und man könne nach oben gehen und die andern aus ihrem Versteck holen. Neun zusammengekauerte Menschen krochen aus dem Verschlag hervor, streckten ihre steifen Glieder und wollten wissen, was denn geschehen sei.

„Ihr wart perfekt!", lobte sie Corrie. „Ich habe keinen einzigen Laut vernommen."

* * *

„Es wird fast unmöglich, noch sichere Verstecke auszukundschaften", teilte Corrie eines Abends Betsie mit. Fast zwei Jahre lang hatten sie und ihr Team von achtzig Mitarbeitern eine Widerstandsgruppe aufgebaut, die Hunderten von Juden geholfen hatte. Aber die Lage wurde immer schwieriger und gefährlicher.

„Sollen wir aufhören, Betsie?", fragte sie. „Was meinst du dazu?"

„Wie können wir aufhören, wenn die Nöte größer sind als je zuvor?", antwortete ihr Betsie.

„Das denke ich auch", meinte Corrie. Mit Seufzen fügte sie hinzu: „Ist dies nicht eine Ironie? Die Nachrichten über die Kriegslage werden immer besser, aber die Situation im besetzten Europa verschlechtert sich von Tag zu Tag."

Betsie nickte, dann verfielen beide in gedankenverlorenes Schweigen.

Corrie trauerte um ihre holländischen Volksgenossen, die sich von Tulpenzwiebeln und faulen Kartoffeln ernähren mussten, um dem Hungertod zu entgehen. Es schmerzte sie innerlich, wenn sie daran dachte, wie Tausende junger Holländer in deutschen Rüstungsbetrieben arbeiteten. Es zerriss ihr fast das Herz, dass Millionen von Juden in Konzentrationslagern zusammen mit Kranken, Alten und Behinderten gefangen gehalten wurden.

Betsie hatte Recht. Mit Gottes Kraft und in seiner Liebe mussten sie ihren Auftrag weiterführen und alles tun, was in ihren Kräften stand, um den Leidenden zu helfen.

Aber der Preis konnte für sie sehr hoch sein. Peter hatte zwei Monate im Gefängnis gesessen, weil er nach einem Gottesdienst die holländische Nationalhymne gespielt hatte. Nollie hatte man sieben Wochen in eine Zelle gesperrt, weil sie eine Jüdin in ihrer Wohnung beherbergt hatte. Wenn also Otto oder einer seiner Kollegen plötzlich ins Haus kämen und sie auf frischer Tat ertappten, was würde dann alles geschehen?

„Aber, Herr, du hast alles in Händen! Hilf uns, dass wir dir Schritt für Schritt folgen", betete sie.

# 7. Die Falle

Corrie saß in ihrem Bett und versuchte, den Stoß von Papieren zu ordnen, der vor ihr lag. Es gab so viel zu tun. Ein Jude war gestorben. Deshalb musste ein heimliches Begräbnis für ihn arrangiert werden. Neue Verstecke wurden nötig. Sie musste Verbindung mit Krankenschwestern und Ärzten aufnehmen, um für eine schwangere Jüdin ein Bett zu finden.

Die Arbeit fiel ihr schwer. Sie konnte sich nicht konzentrieren, denn selbst ein Verantwortlicher in der holländischen Widerstandsbewegung konnte sich nicht gegen eine Grippe wehren.

Sie schob die Papiere wieder in die Schachtel und lehnte sich in die Kissen zurück.

Einmal wurde es ihr ganz heiß und im nächsten Augenblick fröstelte sie wieder.

Bevor sie ins Dösen verfiel, erinnerte sie sich noch an einen Menschen, der vor kurzem angerufen hatte.

„Er will dich unbedingt sprechen", hatte Betsie sie gedrängt. Deshalb hatte Corrie alle Kräfte zusammennehmen müssen, um aufzustehen und nach unten zu gehen.

„Helfen Sie mir bitte!", hatte sie der Mann angefleht. „Wir haben Juden versteckt und meine Frau ist verhaftet worden. Wir müssen sie befreien, bevor sie nach Amsterdam zum Verhör gebracht wird. Denn wenn sie redet, werden viele in Gefahr geraten."

„Wie kann ich ihnen helfen?", hatte Corrie ihn gefragt und sich dabei etwas überrascht gestellt. Er hatte geantwortet: „Wir brauchen Geld. Ich kenne einen Polizisten, der uns helfen kann, wenn wir ihn dafür bezahlen. Wir wissen, dass Sie die nötigen Kontakte haben und Geld auftreiben können."

Vor Fieber wurden Corrie die Augen nass und ihr Kopf schmerzte.

„Das ist in Ordnung!", hatte sie gesagt und schnell die nötigen Vorkehrungen getroffen, bevor sie wieder ins Bett ging.

Jetzt, da sie im Halbschlaf vor sich hin dämmerte, kam ihr der Gedanke: „Er hat mir eigentlich gar nicht richtig in die Augen geschaut."

Mit einem Ruck war sie wieder bei Sinnen. Menschen hasteten durch ihr Zimmer – vier jüdische Flüchtlinge und zwei Leute aus dem Untergrund.

„Es ist doch komisch, dass jetzt grade eine Übung bei uns stattfindet", dachte sie. Dann aber blieben ihre Augen an Eusies Gesicht haften, und die Wahrheit kam ihr erschreckend zum Bewusstsein. Es war gar keine Übung. Es war der Ernstfall. Schrille Stimmen und lautes Trampeln von Stiefeln machten ihr bewusst, dass die Deutschen in diesem Moment ins Haus gekommen waren. Jemand hatte noch den Alarmknopf drücken können, aber würden es die Gäste noch schaffen, sich rechtzeitig zu verstecken.

Mary drängte sich durch die Luke und ein Widerständler konnte ihr folgen. Sechs waren nun mit ihrem Notgepäck in Sicherheit. Da Leonard nicht im Hause weilte, war jeder, der sich nicht erwischen lassen durfte, von der Bildfläche verschwunden.

„O nein!", dachte Corrie, als sie Marys geräuschvolles Atmen durch die Wand vernahm. Ihr Asthma quälte sie wieder. Verzweifelt betete sie: „Herr, gib doch, dass Marys Keuchen aufhört."

Und wirklich, hinter der Wand hörte man plötzlich keinen Laut mehr.

„Meine Schachtel!", war Corries nächster Gedanke. Die Deutschen durften auf keinen Fall die Papiere mit den Namen, Adressen und anderen Einzelheiten ihrer Widerstandsgruppe finden.

Sie schoss aus dem Bett, schnappte sich die Schachtel und eilte zum Versteck. In Sekundenschnelle hatte sie die Luke geöffnet, die Schachtel hineingeschoben, alles wieder verschlossen und war unter die Decke geschlüpft – gerade noch rechtzeitig.

Die Deutschen kamen die Treppe herauf. Einer von ihnen stürmte in ihr Zimmer, schaute sie an und sagte herausfordernd: „Ihren Pass, bitte!" Corrie nahm den Ausweis aus dem kleinen Beutel, den sie um den Hals trug, und reichte ihn hin. Er betrachtete ihn, dann wandte er sich grinsend an sie und sagte: „Sie sind also die Anführerin. Ziehen Sie sich an!"

Wie benommen stand Corrie auf und suchte ihre Kleider zusammen.

„Wo verstecken Sie die Juden?"

„Das sage ich Ihnen nicht."

„Wir werden sie finden, und wenn wir das Haus so lange bewachen müssen, bis sie alle zu Mumien geworden sind!", bemerkte er mit einem sadistischen Lächeln.

Mittlerweile hatte Corrie sich angezogen. Alles, was sie brauchte, war jetzt ein Gefängniskofferchen. Darin befanden sich eine Bibel, Waschzeug, ein paar Kleidungstücke und ein paar Vitamintabletten. Sie trat einen Schritt vor, dann blieb sie stehen, weil es ihr bewusst wurde, dass der Koffer direkt vor der Tür zum Versteck stand. Sie konnte nicht, ja sie durfte nicht dorthin gehen. Aber wie würde sie die Gefängniszeit überstehen, ohne eine Bibel und die andern kleinen lebenswichtigen Dinge?

„Lieber Herr, hilf mir, ich will nicht egoistisch sein", betete sie. Der Kampf in ihrem Innern schien eine Ewigkeit anzuhalten, obwohl nur ein paar Sekunden vergangen waren. Dann ging sie geradewegs aus ihrem Zimmer die Treppe hinunter.

Was sie im Esszimmer erwartete, brachte ihr Herz in Wallung. Nollie, Willem, Peter und noch eine ganze Reihe ihrer Freunde saßen oder standen an der Wand und wurden von deutschen Polizisten – der Gestapo – bewacht.

An diesem Morgen hatte Willem seine Bibelgruppe zum Unterricht hier beisammen und Nollie war zu einem kurzen Besuch gekommen, wurde es Corrie traurig bewusst.

„Hierher!", brüllte der Anführer der Gestapo und warf sein Kinn in Richtung auf den Laden. Corrie ging und schaute ihn an. Sie konnte hören, wie um sie herum Türen geschlagen wurden, laute Rufe ertönten und Schritte hallten. Dabei dachte sie: „Sie haben das Versteck nicht gefunden. Der gute Herr ‚Smit' hat seine Sache ordentlich gemacht."

„Nimm deine Brille ab!", brüllte der Mann. Corrie gehorchte. „Wo verstecken Sie die Juden?" Dieses Frage wurde mit einem Schlag in ihr Gesicht begleitet. Sie zuckte, gab aber keine Antwort. Immer mehr Fragen und immer mehr Schläge folgten, bis sie es kaum noch ertragen konnte.

Plötzlich erinnerte sie sich an den Tag, an dem der Direktor sie ins Gesicht geschlagen hatte, und wie sie damals in den Armen ihres Vaters Trost fand.

„Herr Jesus, hilf mir!", schrie sie. Für eine Sekunde schien die Zeit stillzustehen. Dann brüllte der Mann mit drohender Stimme: „Wenn Sie diesen Namen noch einmal erwähnen, bringe ich Sie um."

Aber nun bekam sie keine Schläge mehr. Sie wurde ohne ihre Brille weggeschickt und Betsie wurde jetzt verhört. Corrie saß auf einem Stuhl im Esszimmer und schaute ringsum in die Gesichter ihrer Familie und ihrer Freunde. Sie fühlte sich elend, verwundet und traurig. Als sie die gebrechliche Gestalt ihres Vaters anschaute, stand sie auf, ging zu ihm und legte ihre Arme um ihn. Aber einer der Wachposten stieß sie weg und befahl ihr, sich mit dem Gesicht zur Wand hinzusetzen.

Betsie kam mit glühend roten Wangen herein.

„O meine arme Schwester", dachte Corrie. „Aber wenigstens haben sie das Versteck nicht gefunden."

Andere verborgene Dinge hatte man aber entdeckt – Geld, das Radio, Uhren und Schmuckstücke. Das meiste davon verschwand in den Taschen der Gestapobeamten.

Es klingelte und Corrie sank das Herz in die Schuhe, als sie dachte: „Es kann einer von unsern Freunden sein, der uns eine Nachricht überbringen will. Er wird geradewegs in die Falle tappen."

Der Gestapomann, der zur Tür ging, trug Zivilkleidung, so dass die Frau, die vor der Tür stand, keinen Verdacht schöpfte. Außerdem stand das hölzerne Dreieck im Fenster, was so viel bedeutete, dass alles sicher sei.

Hilflos musste Corrie mit anhören, wie ihre Freundin sagte:

„Onkel Hermann hat man geschnappt. Geben Sie das bitte weiter."

„Ja natürlich", war die Antwort. „Wem soll ich die Nachricht weitergeben?"

„Oh, den Leuten, die hierher kommen", antwortete die Frau. Zu spät bemerkte sie das boshafte Lächeln und erkannte, dass sie einen Fehler gemacht hatte. Der Mann ergriff sie und brachte sie ins Esszimmer. Corrie sah, wie tief erschrocken sie war, als sie den Raum betrat. Ein plötzliches, unmissverständliches Läuten ließ sie aufspringen. „O nein, hoffentlich entdecken sie nicht unser geheimes Telefon!", dachte sie, aber einer der Männer befahl ihr, den Hörer abzunehmen. Corrie ging zum Apparat und dachte verzweifelt darüber nach, wie man den Anrufer warnen könnte. Sie nahm den Hörer ab und sagte in einem etwas scharf klingenden Ton: Hier ten Boom! Aber die Person am anderen Ende der Leitung wollte unbedingt ihre Botschaft loswerden, so dass sie den Tonfall gar nicht beachtete.

„Sie haben Hermann! Seid vorsichtig!"

„Ja, vielen Dank! Auf Wiedersehen!" antwortete sie. Da der bewaffnete Gestapobeamte neben ihr stand, wagte sie nicht mehr zu sagen.

Die Minuten schleppten sich dahin. Es gab noch mehrere Telefonanrufe, aber schließlich verstand doch jemand Corries verschlüsselte Botschaft und legte auf.

Mit sanfter Stimme sagte Betsie: „Es ist Essenszeit. Kann ich etwas Brot schneiden und allen anbieten?" Ein Beamter nickte.

Corrie, die zur Wand schauen musste, konnte nur gelegentlich sehen, wie Betsie in ihrer anmutigen Art sich hin und her bewegte. Jetzt ging sie gerade am Kamin vorbei, wobei sie kurz innehielt und auf etwas zeigte – eine Kachel.

Corrie verstand. Sie wusste, was darauf geschrieben stand: „Jesus ist Sieger!"

„Das ist er gewiss", sagte die ruhige Stimme ihres Vaters. Corrie war plötzlich von Freude erfüllt. Jesus war gegenwärtig! Er hatte alles in seinen Händen!

Die Beamten kamen nach ihrer Hausdurchsuchung nach unten und waren wütend, dass sie kein Versteck entdeckt hatten.

„Bringt die Gefangenen zur Polizeiwache", befahl der Chef der Gestapo.

Alle verließen das Esszimmer. Corrie schaute liebevoll zu ihrer Familie und zu ihren Freunden hinüber, als sie einer nach dem andern hinausgingen. Sie wartete auf ihren Vater und begleitete ihn aus dem Haus und die Straße entlang zu dem großen roten Backsteingebäude.

In der kalten Februarluft fing sie wieder an zu frieren. Sie legte den Arm um ihren Vater und betete: „Lieber Gott, beschütze doch diesen wunderbaren alten Menschen."

Man brachte sie in das düstere Polizeigebäude und von da in die Turnhalle.

„Setzen Sie sich!", ertönte der Befehl. Corrie führte ihren Vater zu einer Matte und half ihm sich hinzusetzen. Dann schaute sie sich um und zählte. Da waren 35 Menschen, die sie kannte, dazu noch einige, die ihr fremd waren.

„Wir müssen jetzt sehen, dass wir unsere Gruppe zusammenbekommen und uns genau überlegen, was wir sagen, wenn man uns verhört", überlegte sie. Ihr Neffe Peter kam vorsichtig zu ihr und flüsterte: „Tante, du musst sehr vorsichtig sein. Unter uns ist ein deutscher Spion."

„Lieber Herr", betete Corrie, „wir vertrauen dir, dass du uns zur rechten Zeit die rechten Worte gibst."

Die Stunden zogen sich in die Länge. Corrie fröstelte und schwitzte und hielt sich dicht zu ihrem Vater.

Er sank immer mehr in sich zusammen.

„Wie gut!", dachte sie, als sie sah, dass man ihnen Brötchen brachte. Sie schmeckten wunderbar. Dann ließ man sie sitzen und warten.

„Es sieht so aus, als ob wir heute Nacht hier bleiben müssen", überlegte Corrie.

Sie schaute auf die Uhr und bemerkte, dass es schon viel später war als sonst die Schlafenszeit ihres Vaters.

„Willem, willst du uns den 91. Psalm vorlesen?", ertönte plötzlich seine Stimme.

„Aber ja, Vater."

Eine kleine Gruppe versammelte sich um die ten Booms und hörte zu, wie Willem mit seiner tiefen Stimme vorlas: „Wer unter dem Schirm des Höchsten sitzt und unter dem Schatten des Allmächtigen bleibt, der spricht zu dem Herrn: Meine Zuversicht und meine Burg, mein Gott, auf den ich hoffe ..., dass du nicht erschrecken müsstest vor dem Grauen der Nacht."

Als er die Lesung beendet hatte, betete der alte Herr und bat um Gottes Schutz und Segen.

Niemand konnte auf dem Fußboden der Turnhalle guten Schlaf finden. Corrie erwachte mit Schmerzen in der Brust und bemerkte, dass ihr Vater ganz bleich aussah. Die Gefangenen dösten vor sich hin oder sprachen leise miteinander, so ging es bis zum Nachmittag. Dann führten die Soldaten sie heraus zu einem Bus, der schon auf sie wartete.

Betsie und Corrie nahmen ihren Vater zwischen sich und stützten ihn, als sie auf die Straße hinaustraten. Einige Leute schauten ihnen nach. Corrie erkannte unter ihnen Freunde und Nachbarn und bemerkte den Ausdruck von Schrecken und Mitleid auf ihren Gesichtern, als sie zusahen, wie der alte Casper vorüberging – der Mann, den jeder in Haarlem liebte und verehrte.

„Das Beste kommt noch, Vater", flüsterte Corrie ihm zu. „Ganz gewiss", antwortete er.

Dann stiegen sie in den Bus und fuhren ab. Corrie starrte aus dem Fenster, um noch einmal die Orte zu sehen, die sie liebte – die Straßen in ihrer Nachbarschaft, den Marktplatz, die Kirche St. Bavo, das Rathaus ...

Allmählich verschwand alles in der Ferne. Sie fuhren jetzt durch das flache Land. An diesem Tag war das Wetter wie im Frühling. Es waren Tage, an denen sie und ihre Freundinnen früher fröhlich, lachend und mit einem guten Wort auf den Lippen durch die Wiesen gegangen waren.

Sie fragte sich, wohin man sie wohl bringen würde. Plötzlich kam ihr wieder ihr Traum in den Sinn. Er hatte sich bewahrheitet. Nur war es anstelle eines Pferdewagens ein Bus, der den Vater, seine vier Kinder, einen seiner Enkel und viele ihrer Freunde an einen Platz brachte, wo sie nicht hin wollten.

Den Haag, früher einmal der Sitz der holländischen Regierung, war ihre erste Haltestation. Ermüdende Stunden folgten, in denen sie Schlange stehen und Formulare ausfüllen mussten, während ihr Vater immer schwächer wurde. Dann mussten sie auf einen Lastwagen steigen, der in westlicher Richtung wegfuhr.

„Scheveningen" war das Wort, das man sich auf der Fahrt zuflüsterte. Corrie kannte es ein wenig. Es war ein Fischerdorf. Ohne Zweifel gab es dort viele schöne Boote.

Dort gab es ein Gefängnis, einen Ort, an dem man Diebe und auch Mörder einsperrte.

„Nur dorthin nicht!", dachte Corrie. „Mein armer Vater unter Verbrechern – nur das nicht!"

Aber die Tore des fürchterlichen Steinbaus öffneten sich und der Lastwagen fuhr hinein.

# 8. Einsam in Scheveningen

Corrie drehte sich auf ihrer harten eisernen Bettstelle hin und her und fing wieder an zu husten, als ihr der Strohstaub aus der Matratze in den Hals kam. Vom unteren Stockbett hörte sie, wie sich eine andere Gefangene räusperte und sich ebenfalls hin und her warf.

In der ersten Woche in dieser dunklen, muffigen Zelle hatte Corrie versucht, sich mit den anderen Frauen anzufreunden, aber jetzt erlitt sie Fieberschübe, die die Tage und Nächte zur Qual machten. Jede kleinste Bewegung, jeder Gedanke verursachte ihr Schmerzen.

Wo waren Nollie, Willem und Peter? Und wie konnte Betsie mit ihrer angeschlagenen Gesundheit überleben, wenn es nur dünne Wassersuppe, Grütze und hartes Gefängnisbrot gab? Und wie stand es um den lieben Vater? Gab es irgendeinen Grund, ihn zu verletzen?

Sie stellte sich vor, wie er im Gefängnishof auf einem Schemel saß, den ihm jemand zugeschoben hatte, und würdevoll, aber alt und recht gebrechlich dreinschaute.

„Ten Boom, Cornelia", hatte ein Aufseher gerufen, und sie hatte gerade noch Zeit gehabt, sich niederzubeugen, den Vater zu küssen und ihm zuzuflüstern: „Gott sei mit dir, Vater!"

„Und mit dir auch", hatte er ihr noch antworten können.

Seitdem bestand ihre Welt aus dieser Zelle mit ihren schmutzigen Strohmatratzen und Decken, ihrer hässlichen Waschschüssel, dem Toiletteneimer und dem Mülleimer, der den äußerst rabiaten und herzlosen Aufseherinnen zum Ausleeren übergeben werden musste, die dann auch die Essgeschirre auf das Brett in der Tür stellten.

Die Nacht zog sich dahin, bis endlich das erste Morgenlicht sichtbar wurde. Eiserne Riegel wurden zurückgeschoben, Türen aufgeschlagen und das elektrische Licht der Glühbirnen angeschaltet.

„Ten Boom, Cornelia, ziehen Sie Mantel und Hut an", rief die Aufseherin. Corrie kam mühsam aus dem Bett hoch und zog sich an.

Sie fragte sich, wohin es jetzt wohl ginge. Müde und erschöpft schlurfte sie durch die Zellentür und den Gang entlang.

Endlich frische Luft! Sie stand im Hof und atmete tief, bis sie wieder einen Hustenanfall bekam. Zwei andere Gefangene wurden auch herausgeführt.

„Sie sehen noch elender aus als ich", dachte Corrie. Ein Auto wartete auf sie. Die drei Elendsgestalten wurde zusammen mit ihren Wärterinnen hineingeschoben.

Corrie überlegte, ob man sie wohl ins Krankenhaus brächte. Bald erkannte sie die Straßen von Den Haag.

Das Auto hielt und man brachte die Gefangenen in ein großes Gebäude.

„Dieser Ort wirkt bedrückend", dachte Corrie, als sie die Reihen von ausgehungerten Menschen sah, die dort auf den Arzt warteten. Sie und die andern beiden stellten sich in die Reihe.

Eine Krankenschwester erschien. Corrie schaute sie kurz an und fragte: „Dürfte ich bitte meine Hände waschen?"

„Kommen Sie mit", antwortete sie und führte sie in ein Badezimmer. Als Corrie drin war, schloss die Schwester die Tür, legte die Arme um Corrie und flüsterte: „Kann ich irgendetwas für Sie tun, Ihnen vielleicht irgendetwas besorgen?"

Corrie konnte sich kaum noch vorstellen, dass es auch nette, freundliche Menschen gab. Voll Dank blickte sie die Schwester an und sagte spontan: „Eine Bibel, bitte!" Dann dachte sie noch an andere Dinge und fügte hinzu: „Vielleicht noch einen Bleistift, Seife, Sicherheitsnadeln, eine Zahnbürste und etwas Nähzeug." Die Schwester antwortete nachdenklich: „Ich will's versuchen, aber es wird nicht leicht sein."

Als Corrie aus dem Badezimmer kam und sich wieder in die Schlange stellte, fühlte sie sich erleichtert. Schließlich war sie an der Reihe und wurde dem Arzt vorgestellt. Sie schaute ihn an und dachte: „Hier ist noch jemand, der um mich besorgt ist." In ruhigem Ton sprach er zu ihr: „Ich habe aufgeschrieben, dass Sie Brustfellentzündung haben. Sie sollten in ein Krankenhaus eingeliefert werden, weil man Sie dort besser behandeln kann."

Mit einem herzlichen Lächeln verließ Corrie den Arzt. Als sie aus dem Zimmer ging, begegnete ihr noch einmal die nette Krankenschwester, die plötzlich auf Tuchfühlung an sie herankam.

Als sie dann sicher im Auto war und zurückfuhr, schob Corrie vorsichtig ihre Hand in die Tasche und fühlte dort ein kleines Päckchen. Freudige Erregung kam in ihr auf, aber erst in der Zelle wagte sie es zu öffnen. Neugierig standen ihre Mitgefangenen um sie herum, als sie das Papier entfaltete.

Zum Vorschein kamen ein Bleistift, Seife, Sicherheitsnadeln und die vier Evangelien. Es waren einige von den Gegenständen, die sie damals nach hartem inneren Ringen in ihrem Gefängniskofferchen zurückgelassen hatte, um die andern im Versteck nicht zu gefährden.

„Herr, ich danke dir!", betete sie. Dann teilte sie die wertvollen Dinge aus.

Ihre Zellengenossinnen waren dankbar für Seife und Sicherheitsnadeln, aber sie schüttelten den Kopf, als sie ihnen die Evangelien hinhielt.

„Wenn man uns damit erwischen würde, bekämen wir wochenlang kaltes Essen", meinte eine von ihnen.

Corries Fahrt hatte ihr inneren Auftrieb gegeben, aber ihr körperliches Befinden war immer noch schlecht. In den folgenden Tagen und Nächten warf sie sich im Bett hin und her und musste schrecklich husten. Dann wurde sie wieder aufgerufen.

„Jetzt komme ich endlich ins Krankenhaus", sagte sie sich und dachte dabei voll Dank an den Arzt. Sie folgte ihrer Aufseherin durch endlose Gänge, bis sie schließlich im Hof landete.

Die Frau blieb stehen und schloss eine Tür auf.

„Da hinein!", befahl sie. Corrie wandte sich um und sah eine Zelle, die genau so aussah wie die, die sie eben verlassen hatte. Es waren aber keine anderen Gefangenen da. Alle ihre Hoffnungen schwanden dahin.

Sie ging hinein und ließ sich auf das Bettgestell fallen, als die Aufseherin die Tür zuschlug, den Schlüssel im Schloss umdrehte und den Riegel davor schob. Ein eisiger Windstoß wehte durch die winzige Zelle mit ihren kalten Zementwänden. Corrie schauderte und wickelte sich in eine der grauen Decken ein. Doch die stank abscheulich, so dass sie sie zur Seite warf und sich eine andere nahm. Aber diese war zu dünn, sie wärmte überhaupt nicht.

Dann brach die Nacht herein, der Wind pfiff und in den Rohren hörte man seltsame Geräusche. Sie fröstelte und zitterte, alles tat ihr weh und sie musste wieder husten.

Im Herzen aber rief sie zu dem, von dem sie wusste, dass er selbst in dieser aussichtslosen Lage bei ihr war.

„Heiland, nimm du mich in deine Arme, gib mir Trost und hilf mir. Ich habe niemanden als dich allein."

Ein Gefühl des Friedens erfüllte sie und schenkte ihr Wärme. So schlief sie ein.

Die Tage und Nächte waren wieder ziemlich schlimm. Das Brot wurde in ihre Zelle geworfen, Medikamente und warmes Essen wurden ihr drei Tage lang von einem Hilfspfleger gebracht.

Am vierten Morgen wurde sie plötzlich geweckt. Eine raue Stimme schrie: „Sie sind jetzt wieder in Ordnung. Hören Sie auf, sich weiterhin krankzustellen, und holen Sie sich selbst das Essen herbei!" Dann wurde die Tür wieder zugeknallt.

Corrie bewegte sich aus dem Bett und kroch hinüber zu dem Brett, auf dem ihr Essen stand. Sie aß, so viel sie konnte. Dann kroch sie wieder in ihr Bett zurück.

„Los, auf, nicht so faul!", brüllte die Aufseherin. „Putzen Sie Ihre Zelle! Aber flott!"

Corrie nahm alle Kräfte zusammen, um den Befehl auszuführen.

Allmählich schwand das Fieber. Es gab in der Zelle doch noch einen Grund, worüber sie sich freuen konnte – ein Fenster, von dem aus sie ein Stück Himmel sah.

Sie blieb dort stundenlang stehen, um den Wolken und ihren

wechselnden Farben zuzusehen. Dabei träumte sie von Spaziergängen durch die herrliche Landschaft.

Das Sonnenlicht drang mit einigen Strahlen zwischen den Gitterstäben des Fensters hindurch. Sie genoss die Strahlen und ließ ihren Körper davon erwärmen.

„Zwei schöne Erlebnisse an einem Tag", dachte sie. „Und das schönste von allem folgt jetzt noch." Dabei zog sie ein Evangelium unter der Matratze hervor und schlug es auf. Dankbar war sie, dass man ihr auch ihre Brille wiedergegeben hatte.

„Meinen Frieden gebe ich euch ... Euer Herz erschrecke nicht und fürchte sich nicht!"

Was für wunderbare tröstende Worte!

„Ich habe euch erwählt und bestimmt, dass ihr hingeht und Frucht bringt."

„Was soll das für eine Frucht sein, die ich hier in Scheveningen für Gott bringen kann?", fragte sie sich.

\* \* \*

Die Wochen gingen dahin. Corrie stand in der Wärme und Helligkeit der Frühlingssonne, beobachtete die Wolken und träumte von blühenden Kirschbäumen im Park, von herrlichen Blumenfeldern, vom Sonnenlicht, das auf dem Fluss erglänzte, und von bunt angestrichenen Booten auf dem Kanal. Dann wandte sie sich um und setzte sich.

Irgendetwas bewegte sich da auf dem Boden ihrer Zelle. Sie bückte sich, um näher hinzusehen. Es war eine Ameise. Viele andere folgten ihr. Sie kniete sich nieder, um die kleinen Tiere zu beobachten.

„Wie schön, dass ihr mir Gesellschaft leistet", flüsterte sie. „Wenn ich wieder Brot bekomme, hebe ich einige Krumen für euch auf." Es war eigenartig, dass sie vorher niemals bemerkt hatte, wie faszinierend diese niedlichen Geschöpfe sein konnten.

Als sie das Geräusch des Schlüssels im Schloss hörte, sprang sie auf. Die Tür wurde aufgestoßen und eine Aufseherin sprach sie an. Ihre Stimme war rau, aber die Worte klangen dennoch verheißungsvoll.

„Sie kommen mit mir in den Duschraum!"

Corrie folgte ihr und dachte: Welch ein schönes Geburtstagsgeschenk, auch wenn es zwei Tage später kommt. Bald würde sie sich den Schmutz von einigen Wochen abwaschen können und – was noch besser war – einigen ihrer Mitgefangenen begegnen können.

* * *

Sie lag auf ihrem Bett, nur mit einem dünnen Slip bekleidet, als ein deutscher Offizier eintrat. Die Sterne und Schnüre an seiner Uniform waren wie helle Lichtflecke in der grauen Zelle. Sie musste immer wieder die farbigen Uniformteile anschauen.

„Fräulein ten Boom, ich möchte Ihnen gerne einige Fragen stellen", sagte er mit freundlicher Stimme.

Sie überlegte, ob das ein Trick von den Nazis war.

Er nannte Namen und Corrie antwortete schnell: „Diese Leute haben nichts mit meinem Fall zu tun. Lassen Sie sie aus dem Spiel."

Nachdenklich schaute er sie an: „Fühlen Sie sich imstande, zum Verhör zu kommen?", fragt er sie.

„Ja, natürlich", antwortete sie.

Es dauerte aber noch etwas, bis er sie holen ließ.

„Endlich wird man mich anhören", dachte Corrie und folgte der Aufseherin durch lange Gänge über einen Hof in eine Baracke. „Herr, wache du über meine Worte." Das war ihr inniges Gebet.

Als sie in den Raum trat, erhob sich der deutsche Offizier, der so freundlich mit ihr geredet hatte.

„Bitte, nehmen Sie doch Platz!" Er bot ihr einen Stuhl an. Corrie setzte sich und er fuhr fort: „Ich bin Leutnant Rahms, und ich möchte Ihnen einige Fragen stellen. Aber ich glaube, Sie frieren!" Er stand auf und zündete schnell das Feuer im Ofen an.

„Ich möchte gerne etwas von den Überfällen auf die Verteilbüros der Lebensmittelkarten wissen", bemerkte er, nachdem er sich auch gesetzt hatte.

„Es sind Leute in diese Büros eingebrochen und haben Lebensmittelkarten und Essensmarken gestohlen."

Corrie atmete erleichtert auf und gab zur Antwort: „Da kann ich Ihnen nicht helfen."

Dann sprach er von anderen Dingen.

„Was machen Sie in Ihrer Freizeit?"

„Ich unternehme vieles, aber eines macht mir besonders Freude, nämlich der Unterricht für behinderte Kinder."

„Ist das nicht Zeitverschwendung?"

„Jesus hat so nicht gedacht. Er hat sich viel Zeit genommen für schwache, hilfsbedürftige und verlorene Menschen. Er hat sie geliebt und sich um sie gekümmert."

Der Leutnant schaute sie lange mit traurigem Blick an.

Am nächsten Morgen erschien er sehr früh, um sie abzuholen, und dann gingen sie hinaus in die Sonne zur Gartenmauer.

„Ich denke, die frische Luft könnte Ihnen gut tun", bemerkte er.

Dankbar lächelte Corrie und atmete dabei tief durch. Es war herrlich, einmal wieder im Freien zu sein. Ihre einsamen Spaziergänge im Gefängnisgarten gab es nur sehr selten wie ihre Besuche im Duschraum – etwa einmal innerhalb von sieben Wochen.

„Lieber Herr, bewahre mich bitte davor, dass ich etwas Verkehrtes sage. Lenke du mein Reden", betete sie wie immer vor den Verhören.

Wieder führte Leutnant Rahms das Wort. „Es hat mir eine schlaflose Nacht bereitet, was Sie mir über Jesus gesagt haben. Ich möchte mehr davon hören", bat er.

Corrie war freudig überrascht.

„Jesus ist das Licht der Welt", antwortete sie. „Er kam vom Himmel auf die Erde und führte das Leben eines vollkommenen Menschen, dann ist er gestorben und wieder auferstanden, damit alle, die in der Finsternis von Sünde und Angst leben, sein

Licht empfangen." Sie hielt inne und schaute dem Offizier ins Gesicht. Es hatte einen angespannten Ausdruck. Dann stellte sie ihm die Frage: „Gibt es Finsternis in Ihrem Leben, Herr Leutnant?"

Im Gesicht des Mannes konnte sie äußerste Hoffnungslosigkeit erkennen, als er antwortete: „Eine unglaubliche Finsternis! Ich habe Angst vor jedem neuen Tag und mache mir ständig Sorgen um meine Frau und meine Kinder, die ich in Deutschland zurückgelassen habe."

„Jesus Christus kann die tiefste Finsternis vertreiben", gab sie ihm zu verstehen.

Sie gingen ins Gefängnis zurück und der Leutnant erstellte das Protokoll. Sie unterschrieb es und er begleitete sie dann wieder in ihre Zelle. In der Tür rief er ihr zu: „Wie können Sie an einen Gott glauben, der es zulässt, dass ein so guter Mensch wie Sie in ein solches Gefängnis eingesperrt wird?" Oft hatte sich Corrie selbst diese Frage gestellt. Deshalb hatte sie gleich eine Antwort parat.

„Gott macht nie einen Fehler. Es muss einen Grund geben, warum er will, dass ich jetzt allein mit ihm bin."

Von da an brachte sie den Namen dieses Mannes immer wieder im Gebet vor Gott. Im Verlauf der kommenden Monate hatte sie viel Zeit zum Beten ...

\* \* \*

Man hörte laute Rufe von Gefangenen. Corrie fragte sich, was los sei. Corrie und ihre Zellennachbarn hatten Wege gefunden, wie sie Botschaften austauschen oder leise durch Löcher oder Rohre miteinander sprechen konnten. Aber diesmal war es ganz anders.

Sie lief zur Öffnung in der Zellentür und rief: „Was ist denn los?"

„Heute ist Hitlers Geburtstag", rief jemand zurück. „Die Aufseher feiern ein Fest."

„Ich bin Corrie ten Boom in Zelle 384. Weiß jemand, wo irgendein Mitglied meiner Familie sich befindet?", rief sie und hörte, wie diese Frage weitergegeben wurde. Kurz darauf sagte jemand: „Es gibt eine Nachricht für Cornelia ten Boom von Betsie. Sie befindet sich in Zelle 312 und lässt ihr ausrichten: Gott ist gut!"

„Das ist typisch Betsie", dachte Corrie. Dabei füllten sich ihre Augen mit Freudentränen. Sie wischte sie weg und rief: „Hier ist Cornelia ten Boom in Zelle 384. Gibt es irgendeine Nachricht von Casper ten Boom?"

Als die Aufseherinnen zurückkamen, hatte Corrie so viel gute Botschaft empfangen, dass sie vor Freude hätte tanzen und singen können. Peter, Nollie und all die andern, die bei der Durchsuchung ihres Hauses inhaftiert worden waren, hatte man freigelassen mit Ausnahme von ihrem Vater, Betsie und von ihr selbst. Betsie war gar nicht weit von ihr weg und war immer noch die alte. Aber es war nichts über ihren Vater zu erfahren. Wie schmerzlich vermisste sie seine Nähe.

\* \* \*

Ein Paket wurde durch die Öffnung der Zellentür geschoben und Corrie griff eilig danach. Jeden zweiten Mittwoch erhielten die Gefangenen ein Paket vom Roten Kreuz. Dieses aber war ihr noch willkommener. Es stammte von Nollie. An der Adresse erkannte sie ihre Handschrift.

Sorgfältig, langsam und indem sie jeden Augenblick genoss, schnürte sie es auf und wickelte den Inhalt aus.

„Schon die Farben begeistern mich!", dachte sie und betrachtete das blaue und rote Papier. Dann nahm sie den Inhalt heraus und freute sich über jedes einzelne Teil: eine warme, blaue Strickjacke, ein leuchtend roter Schal, Gebäck und Nähzeug.

Meine liebe Nollie! Corrie schaute sich noch einmal die Schriftzüge an. Sie stammten von Nollie, aber sie hatten einen eigenartigen Schwung nach oben.

„Natürlich, dass ich das nicht gemerkt habe! Damit will sie

mir etwas sagen." Sie sah noch einmal genauer hin und merkte, dass sich die Linienführung der Schriftzüge auf die Briefmarke hin bewegte. Vorsichtig löste sie diese ab und drehte sie um.

Die Schrift auf der Rückseite der Marke war ganz winzig, aber deutlich: Alle Uhren in deinem Schrank sind sicher!

„O lieber Herr, hab Dank, vielen Dank für diese wunderbare Nachricht!", betete Corrie. Sie wusste, dass die verschlüsselte Botschaft ihr mitteilen wollte, dass die sechs Menschen im geheimen Versteck in Sicherheit waren. In Gedanken verfasste sie schon einen Brief an Nollie, in dem sie ihr für das Paket dankte und ihr mitteilte, dass sie alles verstanden hatte. Aber noch konnte sie den Brief nicht abschicken, da sie nur alle drei Wochen einen Brief schreiben durfte und sie erst kürzlich einen abgeschickt hatte ...

* * *

Corrie liefen Tränen über ihr Gesicht, als sie auf den Brief in ihrer Hand starrte.

„Corrie, jetzt musst du ganz stark sei!", hatte Nollie geschrieben. „Vater ist zu seinem Herrn gegangen, zehn Tage nachdem man ihn ins Gefängnis eingeliefert hatte."

Sie wurde von starken Seufzern geschüttelt und dachte: „Nein, ich kann nicht stark sein. Ich kann es nicht ertragen. Ich brauche jetzt jemanden, der mir beisteht." In ihrer verzweifelten Suche nach menschlicher Gemeinschaft rief sie durch den Schlitz in der Tür: „Helft mir doch bitte! Kann nicht mal einer zur Zelle 384 kommen? Ich habe nämlich eine sehr schlimme Nachricht erhalten."

Man hörte Schritte, und wenig später kam eine Aufseherin herein, eine von denen, die nicht so herzlos und grausam waren.

„Bitte, bleiben Sie bei mir, wenigstens ein paar Augenblicke", schluchzte Corrie. „Mein Vater ist gestorben."

„Einen Augenblick", sagte die Aufseherin und verließ die Zelle. Sie kam zurück und brachte ein Beruhigungsmittel. Corrie schüttelte den Kopf. „Ich möchte keine Medizin, ich brauche nur etwas menschliche Nähe."

Umständlich ließ sich die Aufseherin neben ihrer weinenden Gefangenen nieder. Die ganze Situation wurde für sie ziemlich unangenehm und sie wusste nicht recht, wie sie damit umgehen sollte. Schließlich fuhr es aus ihr heraus: „Das haben Sie sich selbst zuzuschreiben! Wenn Sie nicht das Gesetz übertreten hätten, wären Sie nicht hier und Sie und Ihr Vater wären zusammengeblieben. Und zudem war er ein alter Mann."

Corrie war ganz benommen, als die Aufseherin zur Zellentür ging, die Zelle verließ und hinter sich zuschloss.

Dann betete sie: „O Herr, wie töricht war es doch von mir, dass ich von solch einem Menschen Hilfe erwartete. Ich will mich jetzt an dich wenden. Sei du mir nahe und tröste mich."

Der Tränenstrom ließ nach. Ganz erschöpft lag sie auf ihrem Bett. Viele Erinnerungen durchzogen ihren Sinn.

Sie dachte daran, wie sie noch ein kleines Kind war, schön zugedeckt in ihrem Bettchen lag und die Stimme ihres Papas hörte, der zu ihr sagte: „Gute Nacht, Corrie, ich hab dich lieb", wobei er behutsam seine Hand auf sie legte.

Wie sie als junge Frau sich bei ihrem Vater ausweinte und er zu ihr sagte: „Gott wird dir eine andere Art von Liebe zu Karel schenken, wenn du ihn darum bittest, Corrie."

Wie sie als Widerstandskämpferin Verstecke für Juden suchte und ein wohlmeinender Freund ihren Vater davor warnte, er sei zu alt und schwach, um das Risiko eines Gefängnisaufenthaltes auf sich zu nehmen; wie er aber entschlossen zur Antwort gab: „Es wäre eine Ehre für mich, wenn ich mein Leben für Gottes auserwähltes Volk, die Juden, hingeben könnte."

Wie sie in Den Haag im Gestapogebäude stand, als sie nach Scheveningen gebracht werden sollte, und ein deutscher Offizier zu ihrem Vater sagte: „Alter Mann, wenn Sie versprechen, nichts Gesetzeswidriges zu tun, lass ich Sie nach Hause gehen und Sie können im Frieden sterben." Seine Antwort hatte jede Möglichkeit eines friedvollen Sterbens zunichte gemacht, als er sagte: „Ich werde auch weiterhin mein Haus für jeden, der in Not ist, offen halten."

Erneut flossen Tränen über Corries Wangen, aber der Schmerz war jetzt nicht mehr so bitter.

„O Vater, du hast es ja so gewollt", dachte sie. „Und jetzt bist du bei Jesus und auch bei Mama, die du so sehr geliebt hast." Dann betete sie: „Herr, ich danke dir, dass du mich tröstest. Hilf mir auch weiterhin und lass mich deine Nähe spüren."

Durch das Zellenfenster sah man jetzt den frühsommerlichen blauen Himmel. Corrie nahm begierig die Farben und die Helligkeit in sich auf und träumte von weißen Segeln, blauem Wasser und warmem goldgelbem Sand.

Da ging die Zellentür auf. Wieder war es Leutnant Rahms, der hereinkam.

„Sie müssen zur Verlesung vom Testament Ihres Vaters mitkommen", sagte er. Sie folgte ihm durch einen Gang, dann hinaus in den Hof, der von der Sonne beschienen wurde, und sie gingen von dort in einen Schuppen.

Plötzlich wurde sie abwechselnd von Willem, Betsie und Nollie umarmt und geküsst. Dazu kamen auch noch Tine und Flip. Corrie glaubte, sie würde träumen. Willem sah sehr abgespannt aus und Betsie war blass, aber es tat so gut, ihre Lieben sehen, fühlen und hören zu können.

Der Leutnant stand am anderen Ende des Raumes und hatte ihnen den Rücken zugekehrt, während sie sich leise unterhielten. Corrie erkannte einen Rechtsanwalt aus Haarlem, der auch im Hintergrund stand, und lächelte ihm zu.

Leise und doch sehr eilig wurden Nachrichten über die Familie und über die Kriegslage ausgetauscht. Das alles rief unterschiedliche Gefühle hervor.

Nollie gab Corrie einen Beutel. Sie fasste hinein und holte eine kleine vollständige Bibel hervor.

„Ich habe mein letztes Evangelium im Duschraum weitergegeben", flüsterte sie und strahlte dabei übers ganze Gesicht. Dann hängte sie sich die Schnur des Beutels um den Hals und ließ ihn unter ihren Kleidern verschwinden.

Nur zu bald drehte sich der Leutnant wieder ihnen zu und sagte abrupt: „Jetzt müssen wir aber das Testament verlesen."

Der Rechtsanwalt trat vor und verlas das kurze Dokument.

„Das Haus und der Laden sind für Corrie und Betsie bestimmt, solange sie ihn brauchen. Wenn er verkauft werden sollte, ist mir dies auch recht. Ich befehle euch der Fürsorge Gottes an."

„Wir wollen beten", sagte Willem. Corrie neigte ihr Haupt und ihr Bruder sagte: „Herr, bewahre du uns und segne diesen guten Menschen, der es uns möglich machte, diese kurze Zeit hier zusammen zu sein."

Dann mussten sie sich wieder trennen.

Corrie war wieder allein in ihrer Zelle. Noch einmal durchlebte sie die letzten Augenblicke. Sie spürte den Schmerz, dass nun ihr Vater in einem Flur des Krankenhauses schwer krank, niedergeschlagen und ganz allein hatte sterben müssen. Man hatte ihn in einem namenlosen Grab in die Erde gelegt. Sie verspürte den Schmerz, dass der so nette blonde Sohn von Willem, Kik, gefangen genommen war, weil er einem amerikanischen Piloten geholfen hatte, und niemand seitdem etwas von ihm gehört hatte. Sie war traurig darüber, als sie hörte, dass Mary auf der Straße verhaftet worden war. Auch bekümmerte sie es, wenn sie sich vorstellte, wie die Angst und der Hunger in Haarlem um sich griffen, als immer mehr Menschen, mehr Lebensmittel und andere Güter nach Deutschland geschickt wurden und das Leben für die Juden immer härter wurde; denn täglich „verschwand" eine große Zahl von ihnen.

Und doch war es großartig gewesen, dass sie sich treffen und miteinander reden und auch davon hören konnten, wie die Russen im Osten und die Engländer und Amerikaner im Süden auf dem Vormarsch waren.

„Das alles und dazu noch eine ganze Bibel", dachte Corrie. Es versetzte sie in eine gelöste Stimmung.

Sie zog einen roten Faden aus dem Handtuch, das Nollie ihr

geschickt hatte, und fing an, noch eine Blume auf ihre Schlafanzugjacke zu sticken. Seitdem dieses Paket angekommen war,
hatte sie neben ihren anderen Beschäftigungen mit der Stickerei
begonnen: in der Zelle auf und ab gehen, Briefe schreiben, den
Himmel beobachten, beten und Bibel lesen. Beim Nähen betete
sie für ihre Familie, ihre Freunde, die Mitgefangenen, den Leutnant und all die Menschen, die heimlich oder offen gegen das
verruchte Naziregime kämpften.

„O Herr", flehte sie, „innerhalb und auch außerhalb des Gefängnisses ist das Leben hart. Das Böse scheint die Übermacht
zu haben. Aber du bist der Sieger. Selbst in dieser einsamen Zelle spüre ich deine Gegenwart und erkenne die vielen Zeichen
deiner Liebe. Bring diesen Krieg, das Leiden und all das Übel
bald zu einem Ende."

Sie hielt ihre Schlafanzugjacke in die Höhe und betrachtete,
was sie bisher gearbeitet hatte. Gar nicht so schlecht! Wenn alles
fertig ist, wird das einst so unansehnliche Kleidungsstück mit
leuchtenden Farben durchzogen sein, auch wenn dies nicht künst-
lerisch vollkommen ist.

# 9. Als Gefangene in Vught

„Betsie! Hier!", rief Corrie und versuchte sich einen Weg durch das Gewühl von Gefangenen auf dem Bahnsteig zu schaffen. Nachdem sie drei Monate in Einzelhaft in Scheveningen gesessen hatte, fühlte sie sich durch eine solche Menschenmenge verunsichert.

In Kleintransportern und Bussen hatte man sie vom Gefängnis zu diesem Bahnsteig außerhalb von Den Haag gebracht. Und hier hatte sie plötzlich Betsies dunkelbraunes Haar entdeckt. Nun versuchte sie, ihre Schwester zu erreichen.

Schließlich standen sie sich gegenüber. Inmitten der Menschenmenge umarmten sie sich, lachten und weinten. Dann bestiegen sie Hand in Hand den Zug und fanden etwas Raum in einem Abteil, in das sie sich hineindrängten. Dann begann die Fahrt.

Es gab sehr viel zu erzählen von ihrer Familie, ihren Erfahrungen in Scheveningen, ihren Zellengenossinnen, dem Leutnant ...

„Er hat mich einige Male verhört, Betsie", sagte Corrie, „und eines Tages nahm er meinen Aktenstoß und warf ihn ins Feuer."

„Er ist ein guter Mensch", bemerkte Betsie. „Ich ging fünfmal zu ihm, und jedes Mal bat er mich zu beten."

„Lass uns dafür beten, dass wir nicht noch einmal getrennt werden", schlug Corrie vor, und ihre Schwester nickte.

„Du bist mir eine sehr große Hilfe", betonte sie. Dann stellte sie die Frage: „Was meinst du, wohin wir fahren?"

„Ich weiß nicht", antwortete Corrie. „Aber ich bete darum, dass es nicht nach Deutschland geht."

Der Zug bewegte sich durch die Dunkelheit. Die Gefangenen, die am nächsten zum Fenster saßen, schauten immer wieder hinaus und versuchten herauszufinden, wo sie waren. Schließlich rief eine von ihnen: „Wir fahren nach Süden!" Auf allen Gesichtern zeigte sich Erleichterung.

„Dann geht es also nicht nach Deutschland", dachte Corrie. „Herr, ich danke dir."

Der Zug hielt und man befahl den Gefangenen auszusteigen. Helle Scheinwerfer wurden angeschaltet und sie erkannten, dass sie sich in einem Waldstück befanden.

„In Reih und Glied aufstellen!", befahlen die Wachen. Schnell bewegten sich die Gefangenen durch die Dunkelheit und drückten ihre Beutel fest an sich, in denen sich ihre wenigen Habseligkeiten befanden.

„Macht schnell, beeilt euch!", drängten die Wachen und stießen ihnen dabei mit dem Gewehrkolben in den Rücken. Betsie war blass und keuchte. Corrie nahm ihren Beutel und stütze sie mit ihrem Arm.

Im grauen Licht der Dämmerung kamen sie an einen Stacheldrahtzaun, hinter dem sich Holzbaracken befanden.

Sie mussten durch die Tore zu ihren neuen Unterkünften marschieren. Die Gefangenen sanken dort auf den harten Holzbänken nieder. Als sie sich ein wenig erholt hatten, rätselten sie, wo sie wohl gelandet waren.

Zwei Frauen, die Betsie und Corrie aus Haarlem kannten und die sie in den Duschräumen in Scheveningen gesehen hatten, stellten sich zu ihnen.

„Das Dorf, an dem wir vorbeigefahren sind, ist Vught", sagte Frau Bosman. „Dann muss dies das Konzentrationslager von Vught sein."

Konzentrationslager! Bei diesen Worten fuhr es Corrie eiskalt über den Rücken, als sie an all die schrecklichen Geschichten dachte, die sie schon gehört hatte. Sie fragte sich, ob es wirklich so schlimm sei, und hoffte, dass es sich nur um falsche Gerüchte handelte.

„Aber dies ist nicht das Hauptlager", vermutete Leny Franse, die andere der beiden Frauen. „Jemand sagte, sie nennen es das Quarantänelager, in dem man die Neuankömmlinge einige Wochen unterbringt."

Corrie und Betsie versuchten, Briefe zu schreiben, aber es war nicht leicht. Am anderen Ende der Baracke gab es eine heftige Auseinandersetzung. Als ein kleiner Streit hatte alles angefangen, aber dann hatten einige die Beherrschung verloren, andere hatten sich eingemischt, und nun hörte man schreckliches Schimpfen und Gekreische.

Eine Aufseherin griff ein. Mit ihren Ohrfeigen, Stößen und Flüchen verstärkte sie das allgemeine Chaos nur noch mehr.

„Was ist das für eine Art von Lagerleitung", dachte Corrie. „Hunderte von Frauen werden auf engstem Raum zusammengepfercht und haben den ganzen langen Tag nichts zu tun. Kein Wunder, dass es da zu Streitereien und Auseinandersetzungen kommt. Und unsere Aufseherinnen wissen nicht, wie sie damit umgehen sollen."

Ihre Gedanken gingen zurück zu den Lagern, die sie und die anderen Verantwortlichen für die Mädchengruppen eingerichtet hatten. Wie gut hatten sie damals alles geplant und wie viel Freude hatte das ihnen bereitet.

„O Corrie, die Lage hier ist katastrophal", stöhnte Betsie. „Wir müssen die Leute in kleinen Gruppen zusammenfassen. Erste Regel muss sein: Keine Nörgeleien. Zweite Regel: Bildet kleine Gebetszellen, um für die Einzelnen in ihren Unterkünften zu beten."

Innerhalb von zwei Wochen hatte sich mit Hilfe von Betsies Gebetsgruppen die Atmosphäre total verändert.

Die beiden Schwestern standen in der Schlange und warteten, dass sie sich zum Seileflechten melden konnten. Die Beamtin, die für die Aufseherinnen verantwortlich war, trat zu ihnen. Sie war bekannt als „der General" und wegen ihrer Grausamkeit gehasst und gefürchtet.

„Gefangene ten Boom Elisabeth und ten Boom Cornelia, Sie müssen sich um neun Uhr früh in der Verwaltungsbaracke melden", befahl sie und übergab ihnen zwei rosa Formulare. Dann verschwand sie.

Ihre Freunde stellten sich um sie herum und betrachteten die Papiere. Eine sagte: „Ihr werdet sicher entlassen. Wir freuen uns für euch."

Die beiden Schwestern schauten sich an, Hoffnung stand ihnen ins Gesicht geschrieben. Dann blickten sie auf die traurigen Gesichter ihrer Freunde.

„Der Krieg ist bald zu Ende und dann seid ihr alle frei", tröstete sie Betsie. „Dann müsst ihr kommen und uns in Haarlem besuchen. Wir würden uns sehr freuen, euch als Gäste zu begrüßen."

„Ja, so ist es", fügte Corrie hinzu. „Es wird nicht mehr lange dauern, bis die Alliierten Frankreich zurückerobern und dann das übrige Europa befreien."

Die beiden Schwestern verteilten ihre Habseligkeiten an die andern. Sie würden sie jetzt nicht mehr brauchen.

* * *

Am nächsten Morgen standen sie im Sonnenschein außerhalb der Verwaltungsbaracke. Plötzlich hörte man aus der Spitze einer silberglänzenden Birke das Schlagen von Flügeln. Ein Reiher schwebte über das Land jenseits des elektrischen Stacheldrahts. Bald würden sie auch in Freiheit sein. Als sie endlich an die Reihe kamen, traten sie an den Tisch und man händigte ihnen ihr Geld, ihre Uhren und Ringe aus.

„Jetzt ist es so weit!", dachte Corrie und war ganz aufgeregt. „Jeden Augenblick können wir diesen Ort verlassen."

Man brachte sie zu den Baracken in der Nähe der Lagertore. Wieder mussten sie lange warten. Aber da sie voller Hoffnung waren, bekümmerte sie das nicht weiter. Corrie träumte davon, dass sie Willem und Nollie und ihre Neffen und Nichten wiedersehen würde. Dann bemerkte sie, wie sich Betsies Gesichtsausdruck veränderte. Sie wandte sich um und wollte sehen, warum sie so erregt war.

Zwei Gefangene ließ man von einer Barracke zur nächsten laufen. Vor Erschöpfung fielen sie fast zu Boden, aber der deutsche Offizier, der mit dem Fahrrad hinter ihnen herfuhr, lachte und genoss ihre Leiden mit hämischer Miene.

Corrie legte ihren Arm um ihre Schwester und schloss ihre

Augen, um zu beten. Der Mann, der ihnen am nächsten stand, sagte leise: „Ja, so ist es recht. Nur beten! Was wir jetzt dringend brauchen, ist Gebet."

„Ja, wir beten", teilte ihm Betsie mit. „Aber werden wir nun freikommen?"

„O nein!", antwortete der Mann, wobei in seinem Gesicht für die enttäuschten Hoffnungen so etwas wie Mitleid aufkam. „Ich fürchte, es geht in die Bunker oder vielleicht noch Schlimmeres."

Die Bunker! Die beiden Schwestern schauten sich erschrocken an, weil sie an einen Mann erinnert wurden, der aus diesen kleinen dunklen Strafzellen gekommen war. Sein Anblick war zum Erbarmen, er war mehr tot als lebendig.

Wieder mussten sie warten. Dann wurden sie in ein anderes Büro geführt, wo man ihnen Geld, Uhren und Ringe abnahm. Dann ging es weiter. Wieder mussten sie warten, wieder saß ein Offizier hinter einem Tisch. Sie übergaben ihm ihre Papiere und standen mit klopfendem Herzen da.

„Überstellt in das Hauptlager", teilte er ihnen mit.

„Also keine Freiheit, aber wenigstens auch keine Bunkerhaft", war Corries erster Gedanke.

\* \* \*

Wieder einmal saß Corrie an einer Werkbank, aber sie war nicht zu vergleichen mit der, die sie aus dem Laden ihres Vaters kannte. Ringsum schaute sie auf die hohen Baracken, in denen sie und Hunderte von Frauen Tag für Tag saßen und halfen, Radios für die Deutschen zu montieren.

Sicher war es besser als in Scheveningen. Die Fabrik lag in einiger Entfernung vom Hauptlager in Vught. Sie arbeiteten dort täglich elf Stunden außer an Sonntagen, an denen sie nach dem Mittagessen frei hatten.

„Nun, Fräulein ten Boom", hörte sie eine Stimme hinter sich, „Sie sind die erste Gefangene, die an ihrer Arbeit interessiert zu sein scheint." Corrie wandte sich um und lächelte den Mann an, der sie ansprach. Sie hatte ihn schon beobachtet, wie er durch die Baracken ging, wobei ihr seine freundliche Art aufgefallen war. Er war ein Mitgefangener, aber die Deutschen hatten ihm die Verantwortung für diesen Teil der Fabrik übertragen.

„Ich bin Uhrmacherin, Herr Moorman", teilte sie ihm mit.

„Uhrmacherin! Dann muss ich eine interessantere Arbeit für Sie finden. Kommen Sie!" Er führte sie in einen anderen Teil des Raums und ließ sie dort Platz nehmen.

„Vor dem Krieg war ich Schuldirektor", erzählte er. Corrie wusste, dass es in dem Lager viele anständige, freundliche, gebildete, fähige Männer und Frauen gab, die man von ihren Häusern, ihrer Arbeit und ihren Lieben weggerissen hatte.

Der Mann erläuterte Corrie ihre Arbeit.

„Sie müssen die Schaltknöpfe überprüfen. Das ist nicht so interessant wie die Uhrmachertätigkeit, aber hoffentlich nicht so langweilig wie das Abmessen von Glasstäbchen", machte er ihr Mut. Corrie hörte ihm aufmerksam zu.

„Ich denke, ich weiß, was ich jetzt tun muss", antwortete sie ihm. „Vielen Dank, Herr Moorman!"

„Wenn Sie mich brauchen, dann rufen Sie mich", sagte er in freundlichem Ton und ging.

Corrie schaffte ihre Arbeit in kurzer Zeit und konnte bald wieder ihre Gedanken spielen lassen. Sie dachte an den Weg zur Fabrik an diesem Morgen. Wie schön war der Himmel mit seinem herrlichen Sonnenaufgang. Jeder Tautropfen glänzte wie ein Diamant. Die Lerche trillerte ihr Lied in den Himmel. Der frische Geruch von Seewasser stieg in die Nase, und das Meer mit seinen verschiedenen grünen Schattierungen bot einen herrlichen Anblick.

„Wenn man nicht immer zu diesen lästigen Appellen antreten müsste, wäre das Leben erträglich zu nennen", dachte sie. Aber dieses stundenlange Strammstehen vor und nach der Arbeit war zu anstrengend. An diesem Morgen hatte der Appell zwei Stunden gedauert, und dann hatte eine Aufseherin verkündet, dass einige Betten nicht ordentlich genug gemacht waren. Deshalb dürften sie alle einen Monat lang keine Briefe oder Pakete empfangen.

Als die Unterhaltung laut wurde, war ihr klar, dass die Aufseherinnen den Raum verlassen hatten. Sie schaute um sich und sah, wie die Gefangenen Lebensmittel, Strickzeug und Spiele hervorholten oder sich mit anderen unterhielten. Corrie hatte sich bereits mit einigen ihrer Mitarbeiterinnen angefreundet. Zwei von ihnen kamen zu ihr an die Werkbank.

„Ich gratuliere zu deiner Beförderung!", bemerkte eine von ihnen. „Wie kommst du voran?"

„Danke, es geht gut", erwiderte Corrie. Die andere Frau schüttelte den Kopf, als sie sah, dass Corrie schon mit ihrer Arbeit fertig war, und sagte: „Es sieht so aus, als ob du viel schneller voran kommst, als es hier üblich ist. Du musst immer bedenken, dass wir ja für die Deutschen arbeiten, und da heißt das Motto: Sei langsam und lass so viele Fehler wie nur irgend möglich zu!"

„Es tut mir Leid", antwortete Corrie, „das ist mir schon bewusst, aber es geht mir gegen den Strich, meine Arbeit schlampig zu verrichten."

Während die Gefangenen sich unterhielten, donnerten Flugzeuge an dem glänzenden, blauen Himmel über sie hinweg. Sie hofften, dass es Engländer und Amerikaner waren. „Dicke Luft!", ertönte der Warnruf von einer Aufpasserin. Corries Freundinnen begaben sich schnell an ihre Plätze. Als die Aufseherinnen in das Gebäude kamen, war jeder Mensch wieder an seinem Platz.

Zum Mittag gab es eine wässrige Hafersuppe. Corrie wusch sich zuerst ihre Hände und nahm sich dabei in Acht, nicht mit dem Reinigungspersonal zu reden. Beim letzten Mal war sie dabei erwischt worden und hatte eine Ermahnung einstecken müssen. Beim nächsten Mal würde es eine Bestrafung zur Folge haben. Dann ging sie wieder zu den andern, um mit ihnen zu essen und sich zu unterhalten. Allmählich wurde sie sehr müde.

„Ich glaube, ich halte ein kurzes Nickerchen", sagte sie und ging in den Raum, wo sie sich auf eine Bank legte.

Seit halb fünf Uhr am Morgen war sie auf den Beinen und es würde noch ein langer heißer Nachmittag, angefüllt mit anstrengender Arbeit folgen; dann käme noch der Appell und der Rückmarsch in das Lager. Aber sie konnte sich wenigstens auf Betsie freuen. Sie stellte sich schon in Gedanken vor, wie ihre Schwester im Schlafsaal saß und zusammen mit den körperlich angeschlagenen Gefangenen Gefängniskleidung nähte.

Schließlich war die Tagesarbeit beendet und die Fabrikkolonne setzte sich zum Hauptlager in Marsch. Bevor sie den Frauentrakt erreichten, kamen sie an dem Lager für Männer vorbei. Die männlichen Gefangenen waren kahl geschoren und trugen gestreifte Sträflingskleidung. Einige von ihnen standen so dicht wie möglich am Zaun, in der Hoffnung, ein paar Blicke oder einige Worte im Flüsterton mit den Frauen austauschen zu können.

„Mein Mann ist dort inhaftiert", flüsterte die junge Frau neben Corrie. „Ich habe ihn seit Tagen nicht mehr gesehen, ich hoffe, es geht ihm gut." Corrie litt mit ihr und den andern, die von ihren Männern, Söhnen und Geliebten getrennt waren.

„Da ist er!", flüsterte sie und hob ihre Hand, um ihm zu zuwinken. Schon im nächsten Augenblick riss sie die Hand wieder herunter, als die raue Stimme der Aufseherin ertönte: „Keine Kommunikation mit den männlichen Gefangenen!", und drohend fügte sie hinzu: „Wenn das noch einmal vorkommt, gehst du in den Bunker!"

„O Herr", betete Corrie, „wir sind zwar nicht mehr in Gefängniszellen, aber ich muss erkennen, dass es uns hier in Vught genauso elendig geht wie in Scheveningen. Ich danke dir, dass Betsie und ich zusammen sein können. Hilf uns, dass wir den Menschen, mit denen wir zusammenkommen, dein Licht bringen können."

Mittlerweile hatten sie das Frauenlager erreicht. Betsie stand schon an der Tür zum Schlafsaal und wartete mit einem freundlichen Lächeln. Corrie lief hin und umarmte sie. Dann setzten sich die Frauen hin und erzählten, wie es ihnen ergangen war.

„Ich sitze an einer neuen Werkbank", berichtete Corrie. „Es ist besser dort und unser Aufseher ist ein wirklich freundlicher Mensch."

„Ich bin ja so froh!", sagte Betsie. Nach einer kurzen Pause fügte sie hinzu: „In unsere Nähgruppe ist uns eine neue Frau zugeteilt worden."

„Wer ist sie? Kennen wir sie? Wusste sie irgendetwas Neues?", fragte Corrie. Doch Betsie machte plötzlich ein trauriges Gesicht.

„Erinnerst du dich an den Mann, der zu uns kam und dich an dem Tag um Geld bat, an dem wir verhaftet wurden?", fragte sie.

„Natürlich erinnere ich mich an ihn. Ich schleppte mich damals aus dem Bett, um ihm die Tür aufzumachen."

„Nun, diese Frau weiß alles über ihn. Sein Name ist Jan Vogel und er arbeitet für die Nazis seit dem Beginn der Besetzung. Durch ihn wurden wir und viele andere verraten."

Corrie saß ganz still da und musste erst einmal diese Information verdauen. Jan Vogel! Er war also der Mann, der verantwortlich war für alles, das ihnen und ihrem Vater geschehen war. In Gedanken sah sie Vaters liebes, leidvolles Gesicht und fühlte plötzlich, wie eine starke Wut in ihr gegenüber dem Mann aufkam, der sie ins Unglück gestürzt hatte.

„Ich werde ihm nie verzeihen, was er meinem Vater angetan hat", gelobte sie im Stillen, „niemals!" Betsie sah sie mit ihren braunen Augen mitleidsvoll an, aber Corrie wandte sich ab.

Einige Freunde versammelten sich um die Schwestern, um zur üblichen Zeit miteinander zu beten und die Bibel zu lesen. Betsie holte ihre Bibel aus dem Beutel, der unter ihren Kleidern hing, und reichte sie ihrer Schwester.

„Nein, diesen Abend leitest du", weigerte sich Corrie.

* * *

Es folgte eine lange Nacht. Corrie lag auf ihrem Strohsack. Die kommenden Tage und Nächte schleppten sich dahin. Die innere Anspannung war schließlich nicht mehr auszuhalten.

„Betsie!"

„Ja, Corrie!"

„Hast du keine hässlichen Gefühle gegenüber diesem Mann, diesem Jan Vogel?"

„Natürlich habe ich sie! Aber ich bete immer für ihn. Er muss schrecklich leiden."

Corrie war sprachlos. Sie schloss ihre Augen und fühlte, wie ihr die Tränen über das Gesicht liefen, als sie betete: „Herr, ich gebe mich geschlagen. Betsie hat Recht und ich bin im Unrecht. Bitte, vergib mir und nimm den Hass von mir gegenüber diesem Jan Vogel. Ich bitte dich, dass du ihn und seine Familie segnest."

Nun war die ganze innere Anspannung von ihr gewichen und sie konnte friedlich einschlafen.

\* \* \*

Sonnige Tage, Wochen und Monate waren vergangen.

„Zur Hälfte haben wir den August hinter uns gebracht", stellte Corrie fest. „Im September sind wir dann schon sechs Monate gefangen und, wie ich gehört habe, ist das die übliche Strafe für Leute, die wie wir gegen das Lebensmittelkartengesetz verstoßen haben."

„Aber Corrie, genau wissen wir es nicht", sagte Betsie.

An einem Sonntagabend saßen sie draußen auf einer langen Bank. Die Luft war warm und erfüllt vom Gesang der Vögel. Der sandige Boden unter ihren Füßen glänzte wie Satin und war von Büschen und Blumen umgeben. Hinter den Mauern lag eine Wiese, eine Gruppe von Bauernhäusern und ein Wäldchen.

„Jedenfalls", behauptete Corrie, „muss der Krieg bald zu Ende gehen. Die englischen und amerikanischen Truppen erringen einen Sieg nach dem andern. Es kann nicht mehr lange dauern, bis sie die Deutschen auch aus Frankreich zurückgedrängt haben."

„In der Zwischenzeit gibt es hier für uns noch viel zu tun", meinte Betsie.

„Ich weiß", warf Corrie ein und dachte dabei an den Gottesdienst, den sie an diesem Nachmittag gehalten hatte, und an die Gespräche, die sie und Betsie danach mit verschiedenen Frauen geführt hatten. „Die Menschen sind bereit, mehr von Gottes Liebe und Macht zu erfahren."

Dabei beobachtete sie, wie einige der anderen Gefangenen sich unterhielten und in ihren blauen Overalls mit den roten Streifen hin und her gingen. Die meisten von ihnen sahen braun und gesund aus. Es war gut, gesunde Menschen zu sehen, die frisch aussahen wie Kinder, nach dem Anblick der blassen, ausgemergelten Gestalten in Scheveningen.

Sie dachte dabei an einige der Leute, die sie kannte. Mittlerweile waren es schon eine ganze Menge. Da war Frau Boileau, deren Söhne man erschossen hatte. Welch eine Ausstrahlung hatte sie. Und dann Lily aus der Schweiz, die pummelige, fröhliche Janneke aus Belgien, Mary, deren Mann vor ihren Augen ermordet worden war, Frau Diederiks, deren Mann gerade erschossen worden war, als sie mit ihrem ersten Kind schwanger war, und Frau Bosman, die man nach einem Fluchtversuch damit bestraft hatte, die ganze Nacht auf dem Fußboden im Schlafsaal der Soldaten zu sitzen. Keine von ihnen hatte es verdient, an einem solchen Ort wie diesem zu sein. Lager wie Vught sollte es überhaupt nicht geben.

Irgendetwas war los. Eine Gruppe von Gefangenen war aus einem andern Teil des Lagers gekommen und unterhielt sich hier und da mit den Leuten. Wohin sie auch kamen, zeigten sich erregte Gesichter.

„Es muss bestimmte Nachrichten geben", dachte Corrie. „Sicher sind es gute Nachrichten."

Sie blickte zu ihrer Schwester, aber Betsie sah aus, als ob sie eingeschlafen wäre. Sie wollte gerade aufstehen und nachsehen, was los sei, als Mary ihnen entgegenlief. Sie bückte sich zu den beiden herunter und sagte: „Holländische Streitkräfte nähern sich Belgien."

„Das ist doch wunderbar!", rief Corrie erfreut, aber Betsie schlug die Augen auf und fragte ganz ruhig: „Ist dies denn auch wirklich wahr?"

„Ja, die meisten Leute sind sich dessen ganz sicher", antwortete Mary. Im nächsten Augenblick kauerte sie sich zusammen und hielt sich mit den Händen die Ohren zu. Dieser friedliche Abend wurde durch ein lautes Explosionsgeräusch erschüttert. Einige weitere ohrenbetäubende Schläge folgten. Als es dann eine Zeit lang wieder ruhig war, nahmen die Gefangenen wieder ihre Hände von den Ohren.

„Betsie, bist du in Ordnung?", fragte Corrie.

„Ich denke schon", antwortete Betsie. „Was, meinst du, ist geschehen?"

„Ich will versuchen, es zu erkunden", sagte Mary und ging zu einer Gruppe, die eifrig darüber diskutierte, was wohl passiert sei. Nach wenigen Augenblicken kam sie wieder und ihre hübschen Augen glänzten.

„Sie glauben, dass die Deutschen die Brücken sprengen, um den Vormarsch der holländischen Truppen aufzuhalten", erklärte sie.

„Dann müssen sie ganz in der Nähe sein!", rief Corrie.

Tagelang gingen Gerüchte durchs Lager und die Gefangenen waren vor Erwartung hin und her gerissen zwischen Hoffnung und Angst.

„Kommt schnell! Im Männerlager ist irgendetwas los." Das Drängen in Lenys Worten war so unmissverständlich, dass Betsie und Corrie hinter ihr her bis zum Zaun liefen. In ihrem Lagerteil waren die Männer in Reih und Glied angetreten. Die Frauen waren zu weit weg von ihnen, so dass sie die einzelnen nicht erkennen und auch nicht hören konnten, welche Nummern die Wachen aufriefen. Aber sie konnten sehen, dass eine Gruppe von Männern für irgendetwas ausgesondert wurde.

„Was meinst du, was da vor sich geht? Mein Mann ist auch irgendwo dazwischen!", sagte eine Frau mit entsetzten Blicken. Corrie konnte nicht antworten. Es waren ungefähr zweihundert Männer, die man von den andern abgesondert hatte. Die Wachen riefen nun keine Namen mehr auf, sondern erteilten einen Befehl. Die Gruppe marschierte durch das Tor hinaus. Das Geräusch ihrer Fußtritte wurde immer leiser und erlosch schließlich ganz. Die Spannung bei den Frauen erreichte ihren Höhepunkt. Eine rannte in die Unterkünfte und andere folgten ihr. Sie konnten die Situation nicht mehr ertragen.

Ein Schuss durchfuhr die Stille, dann noch einer und noch einer und noch einer ..., weit über hundert Schüsse. Einhundertundachtzig unbescholtene Holländer – Väter, Söhne, Geliebte und Ehemänner – lagen tot auf der Erde.

Corrie war völlig zerschlagen.

„O Betsie, das ist ja wirklich unerträglich", flüsterte sie. Um sie herum standen die Frauen, die nicht wussten, ob ihre Lieben jetzt noch unter den Lebenden oder schon unter den Toten waren.

Sie schaute ihrer Schwester ins Gesicht. Es hatte eine besondere Ausstrahlung.

„Fast als ob das Böse sie nicht berühren durfte", dachte Corrie. Sie griff nach ihrer Hand und führte sie hinter eine der Unterkünfte. Dort saßen sie dann auf einer kleinen Holzbank Seite an Seite. Was Betsie dachte, wusste Corrie nicht, aber ihr eigenes Herz schrie vor Schmerz: „Warum, o Herr? Das ist zu viel. Ich kann es nicht ertragen."

In diesem Augenblick gingen ihre Gedanken um Jahre zurück und sie sah sich als Kind, wie sie mit ihrem Vater sprach. Sie saßen damals im Zug und fuhren wieder nach Hause, nachdem Papa seinen wöchentlichen Zeitvergleich mit der großen Uhr in Amsterdam durchgeführt hatte. Sie hatte ihm von einem Wort berichtet, das sie gehört hatte.

„Was bedeutet das?", fragte sie und schaute dabei in sein freundliches, bärtiges Gesicht. Er zeigte auf seinen großen Koffer und antwortete: „Würdest du den bitte für mich tragen, Corrie?"

Wie hatte sie sich damals mit diesem Koffer abgequält, denn sie wollte doch Papas Bitte erfüllen. Aber schließlich musste sie sich traurig eingestehen: „Es gelingt mir nicht."

Jetzt, da mehr als vierzig Jahre vergangen waren, kam ihr seine Antwort wieder in den Sinn.

„Natürlich kannst du das nicht, Corrie. Und ich wäre ein schlechter Vater, wenn ich von dir erwartete, dass du solch einen schweren Koffer trägst. Genauso ist es mit deiner Frage. Die Antwort könntest du jetzt auch nicht ertragen, deshalb lass sie mich für dich tragen, bis du alt genug bist, um sie selber zu tragen."

Diese Erinnerung stärkte Corrie in ihrer gegenwärtigen Situation und sie betete: „Ich kann das, was hier geschehen ist, nicht tragen. Bitte trag es für mich und hilf mir, dass ich dir vertraue."

Die Kopfschmerzen ließen etwas nach. Sie taten nicht mehr so weh.

„Komm, Betsie, wir gehen zurück zu diesen verzweifelten Frauen", riet sie. „Sie brauchen unbedingt den Trost von Gott."

# 10. Voller Angst auf dem Weg nach Deutschland

Corrie fühlte sich nicht wohl. Sie und Betsie hatten zusammen mit all den andern Gefangenen stundenlang in Reih und Glied stehen müssen, während das Wachpersonal das Konzentrationslager Vught säuberte. Berge von Müll, Papier, Akten und Dokumenten wurden in die Öfen zum Verbrennen geworfen. Ständig stiegen Rauchwolken aus den hohen Schornsteinen auf und füllten die Luft mit scharfem Brandgeruch.

„Es ist schon September und wir sind noch immer nicht entlassen", dachte Corrie. Die Zukunft barg noch Erfahrungen in sich, die so schrecklich waren, dass man sie eigentlich nicht beschreiben kann.

Lange Fahrzeuge fuhren vorbei. Corrie schaute durch ein Fenster in eines von ihnen und erkannte dort blasse, eingefallene Gesichter. „Das sind die Kranken aus dem Hospital", dachte sie.

Schließlich kam der Marschbefehl.

Corrie legte ihren Arm um Betsie und sie gingen, so schnell sie konnten, durch die Tore von Vught. Hier hatten sie fast drei Monate verbracht. Als sie von dort wegmarschierten, zeigte sich die Landschaft atemberaubend schön, aber ihre Herzen waren voller Furcht.

Sie kamen in die Nähe von Eisenbahnschienen. Weiter vorne konnte Corrie Tausende von kahlgeschorenen Köpfen in gestreifter Sträflingskleidung erkennen. Es waren männliche Gefangene, die dort warteten. Dann kam der Befehl und sie kletterten in einige Güterwagen.

„Ein Güterzug, als wären wir Gepäckstücke oder Kohlen!", ärgerte sich Corrie. Betsie neben ihr war ganz blass und außer Atem.

„Gleich sind wir da", flüsterte ihr Corrie ins Ohr. Arm in Arm erreichten sie die Schienen und stiegen in einen der Waggons. Sie fanden an der Wand Platz, wo sie sich zusammenkauerten. Immer mehr Menschen drängten sich herein.

„Es müssen jetzt ungefähr achtzig Personen hier sein", stellte Corrie fest. Die heiße, stickige Luft machte sie fast krank. Außerdem wurde ihr vom Schweiß und sonstigen Geruch der Menschen ganz übel.

„Luft, ich brauche Luft", stöhnte eine schwache Stimme. Eine kräftig aussehende Frau ihr gegenüber fing an, einen Nagel aus der Wand zu ziehen. Als sie ihn endlich herausgezogen hatte, versuchte sie damit das Nagelloch zu erweitern. Andere taten es ihr gleich. So kam wenigstens etwas mehr Luft in den Waggon.

„O Betsie", sagte Corrie etwas verärgert, „die Leute sitzen auf unserem Brotvorrat." Die Brotlaibe hatte man in einer Ecke aufgestapelt, und jetzt saßen einige Frauen darauf.

„Ich glaube, sie können gar nicht anderswo sitzen", meinte Betsie. Dann gab es plötzlich einen kräftigen Ruck und der Zug setzte sich in Bewegung.

Betsie konnte durch einen Spalt nach draußen schauen und in wachen Augenblicken beschrieb sie, was sie sah.

„Da ist ein kleiner Wald. Ich kann beinahe die Tannennadeln riechen, Corrie. Jetzt überqueren wir einen Kanal. Eine Kühle geht vom Wasser aus. Ich kann ein Boot erkennen. Ein Junge winkt dem Zug zu. Ich wünschte, ich könnte ihm zurückwinken."

Plötzlich hörten sie eine Serie von scharfen Schüssen und der Zug hielt an.

„Schießerei!", rief jemand, und alle duckten sich und warteten.

„Wir sind in der Nähe der Grenze", meinte jemand anders. „Es müssen Leute vom Widerstand sein, die uns zu befreien versuchen." Bei diesen Worten wurden alle von Erregung und Hoffnung erfasst.

„Wenn es ihnen nur gelingt!", dachte Corrie und legte ihre Arme um Betsie.

Die Schießerei dauerte an, dann aber hörte sie auf und der Zug rollte weiter.

Die Hoffnung schwand aus den Gesichtern der Menschen. Alle starrten wieder stumpfsinnig vor sich hin.

„Wir sind jetzt in Deutschland", bemerkte jemand. Die Worte klangen wie ein Fluch.

„O Herr", betete Corrie und ihr Herz war verzagt. „Ich habe so oft darum gebeten, dass du uns nicht nach Deutschland schickst, aber nun ist es doch geschehen. Herr, wir sind schwach und elend und wir schreien zu dir um Hilfe."

Betsie blickte durch ihren Spalt und sprach wieder.

„Die Felder sind so schön, die Sonne bescheint sie und in der Ferne sieht man Berge, von denen kleine silberfarbene Bäche ins Tal fließen."

Corrie erinnerte sich an Ferien in Deutschland, die sie mit ihrer Mädchengruppe verbracht hatte. Damals schien auch die Sonne, als sie per Anhalter am Rhein entlangfuhren und unterwegs immer wieder einmal Rast machten.

„Jetzt kommen wir in eine Stadt", fuhr Betsie fort. „O Corrie, hier ist alles so ganz anders. Gewaltige Löcher und Trümmerhaufen finden sich überall."

Die Tage und Nächte zogen sich dahin, in denen sie einschliefen, miteinander redeten oder einfach nur dasaßen. Es gab für alle genügend Brot und dies wurde auch herumgereicht, aber Corrie war von dem Gestank in ihrem Waggon so übel, dass sie kaum einen Bissen herunterbrachte. Dieser Missstand entwickelte sich bald zu ihrem größten Problem.

Ab und an wurden Eimer voll Wasser an die Tür gebracht, aber die Frauen, die ganz in der Nähe waren, griffen gierig danach und tranken sich satt. Bis ein Eimer zu Corrie und Betsie kam, war er meist ganz oder fast leer.

In Oranienburg hielt der Zug und die Waggons mit den Männern wurden abgekoppelt, die Frauen jedoch wurden immer weiter nach Deutschland hinein verfrachtet.

Corries ganzer Körper verlangte nach Wasser. Sie fing an zu fiebern und neigte dazu, ohnmächtig zu werden.

Schließlich brachte man ihr etwas Wasser. Betsie hielt ihr ein Gefäß an die Lippen und sie trank und trank. Danach fiel sie in einen unruhigen Schlaf.

Der Zug hielt. „Los, raus! Alle raus!", tönte der lang ersehnte Befehl. Unzählige von Frauen quälten sich mühsam aus den Waggons, standen dann umher, schnappten nach frischer Luft und streckten ihre lahmen Glieder.

Betsie und Corrie stützten sich gegenseitig und freuten sich, dass endlich wieder die Sonne auf ihre Haut schien, der Wind durch ihr Haar wehte und sie saubere, frische Luft einatmen konnten.

„Arme Corrie, dir geht es nicht gut", stellte Betsie fest.

„Ich fühle mich schon besser", antwortete Corrie. „Wo sind wir?"

„Ich habe gehört, wir wären in Fürstenberg", sagte Betsie.

Nach einer Weile gaben die Wachen Befehl, die Frauen stellten sich in Fünferreihen auf und setzten sich in Bewegung. Corrie war noch ganz schwach auf den Beinen. Betsie und die andere Frau neben ihr stützten sie auf dem langen Marsch. Es war eine scheinbar endlose Reihe von Gefangenen, die ihre Decken und Taschen fest umklammerten. Um so schwache und erschöpfte Frauen zu überwachen, brauchte man nicht viele Aufseher.

Einmal durften sie Halt machen und sich ein wenig ausruhen. Corrie brach auf dem Gras neben einem See zusammen und dachte an „die grünen Auen und das frische Wasser", wie es in Psalm 23 geschildert wird. Um sie herum waren Hügel und Bäume und in nicht allzu weiter Ferne sah man eine Kirche mit einem weißen Turm.

„Und ob ich auch wanderte im finsteren Tal, so fürchte ich kein Unglück ...", dachte sie.

Dann ging es wieder weiter. Mit der Zeit wurde es fast zu einem mechanischen Vorgang, dass sie einen Fuß vor den andern setzten.

Und dann sahen sie den Ort. Er lag unter ihnen wie eine grässliche Wunde auf dem schönen Gesicht der Landschaft.

„Ravensbrück", flüsterte die Frau neben Corrie. Die beiden Schwestern hielten sich an der Hand und starrten in das von Menschen bebaute Tal von grauen Baracken mit ihren hohen

Wachtürmen und, was einem am meisten den Schauer über den Rücken laufen ließ, dem großen Schornstein in der Mitte.

Sie kamen dem Konzentrationslager für Frauen immer näher, von dem man sich schon so viele schreckliche Geschichten erzählt hatte. „Sind sie alle wahr?", fragte sich Corrie. Bald würden sie es wissen.

Nun konnten sie die Rollen von Stacheldraht oben auf den hohen, dicken, doppelten Betonmauern sehen, dazu die Schilder, von denen jedes einen Totenkopf mit gekreuzten Knochen trug, um die Gefangenen vor dem elektrischen Strom zu warnen, der durch die kilometerlangen Stahlseile pulsierte.

Die gewaltigen Tore öffneten sich, um sie einzulassen. Eine Frau fing an zu singen und immer mehr Stimmen schlossen sich dem Gesang an.

> *„Ihr tapferen Frauen der Niederlande,*
> *hebt eure Häupter empor!"*

Corrie war stolz auf ihre Landsleute, als sie und Betsie in das Lied mit einstimmten.

Dabei schaute sie sich um und gewann die ersten Eindrücke von diesem Ort.

Auf beiden Seiten des Eingangs stand das Wachpersonal von Ravensbrück. Die Männer trugen Mützen mit einem Totenkopf als Embleme und dazu blaue Uniformen. In ihren Händen hielten sie Schnellfeuergewehre. Die Frauen trugen graue Kleider und schwangen Peitschen mit vielen Riemen in den Händen.

Doch den stärksten Eindruck vermittelten Corrie ihre Gesichter. Niemals, nicht einmal in Scheveningen hatte sie so niederträchtige und böse Gesichter gesehen. Sie war überzeugt, dass sie bereits Pläne schmiedeten, wie sie das Lachen aus den Gesichtern der tapferen Frauen, die ihre heroischen Lieder sangen, herauspeitschen konnten.

Sie schauderte und wandte sich von dieser Ehrenwache ab, um ihren Blick auf einige Lagerinsassen zu lenken. Es gab viele hier.

Sie alle trugen die gleiche Art von Kleidung. Auf die Brust- und Rückenseite hatte man jeweils ein X genäht. Die erste Gruppe, die sie bei ihrem Weg zur Arbeit beobachtete, sah noch ziemlich gesund aus. Aber sie waren ja auch noch jung.

Dann kamen andere in Sicht, wandelnde Skelette, die ihre Hände den Neuankömmlingen entgegenstreckten und mit bebender Stimme um Essen bettelten. Die Aufseherinnen trieben sie zurück und schlugen auf sie ein.

Corrie und Betsie zuckten zusammen und drängten sich dichter aneinander.

Dann kamen sie zu einem großen Zelt, das an einer Seite offen war. Dort befahl man ihnen stehen zu bleiben. Sie verteilten sich unter dem Zeltdach und sanken auf dem Stroh nieder, das den Boden bedeckte.

„O Betsie, es ist voller Läuse!", entsetzte sich Corrie. Aber sie war zu müde, um sich zu erheben.

„Hier wäre es besser, wenn man kurzes Haar hätte", meinte Betsie. Corie fand diesen Gedanken schrecklich, aber ihre Schwester hatte Recht. Sie lieh sich eine Schere von einer der andern Gefangenen und schnitt die dichten kastanienbraunen Locken ab, während ihr die Tränen über die Wangen liefen. Ein Gefühl der Ohnmacht und der Entwürdigung bemächtigte sich ihrer.

„Los, raus! Schnell! Bewegt euch!", hieß es.

Die Ruhe war vorbei. Die Frauen kamen aus dem Zelt und stellten sich in Reih und Glied auf. Allmählich wurde es dunkel. Ein kühler Wind kam auf und wehte um sie.

„Sie lassen uns womöglich noch die ganze Nacht hier draußen stehen", schimpfte jemand.

„Ganz bestimmt nicht", dachte Corrie. Aber bald breiteten alle Frauen um sie herum ihre Decken aus und setzten sich darauf. Die beiden Schwestern versuchten, es sich so bequem wie möglich zu machen, und schliefen schließlich vor Erschöpfung ein. Mitten in der Nacht regnete es und sie wurden alle bis auf die Haut nass. Corrie lag zitternd da und machte sich um Betsie große Sorgen.

Am Morgen wrangen die Gefangenen ihre nassen Sachen aus und mussten wieder warten. Eine dünne braune Brühe und ein Stück Schwarzbrot wurde jeder Frau zugeteilt, dann bekamen sie nichts mehr zu essen. Am Nachmittag wurde dann endlich Kohlrübensuppe mit ein paar gekochten Kartoffeln darin ausgeteilt.

Corrie fragte sich, was sie wohl mit ihnen vorhätten. Betsie würde weitere Strapazen nicht mehr überstehen können. Ihr selbst schmerzten die Beine von dem stundenlangen Stehen. Aber es gab keine weiteren Befehle. Und auch in der zweiten Nacht legten sich die Frauen im Freien nieder, um in ihren noch feuchten Decken auf der Erde zu schlafen.

Betsie und Corrie lagen dicht nebeneinander, schauten auf zu den Sternen und beteten, bis sie schließlich vor Ermattung einschliefen. Während der Nacht bekam Betsie entsetzliche Magenschmerzen.

Corrie wickelte um ihren Bauch einen Pullover und gab ihr einige Vitaminbonbons. Der nächste Tag brach an und wieder mussten die Frauen antreten und in Reih und Glied dastehen.

„Wollen sie als Strafe dafür, dass wir es gewagt haben, singend ins Lager Ravensbrück einzumarschieren, unsern Lebenswillen brechen?", fragte sich Corrie.

Am Ende des Tages folgten eine Reihe neuer Anordnungen.

„Antreten zum Baden!"

Corrie hielt Betsie am Arm und führte sie zu dem Gebäude, in dem sich die Duschräume befanden. Sie warteten draußen und rückten in der Schlange nur langsam vorwärts. Immer mehr Frauen kamen und stellten sich mit an.

Corrie betrachtete die Gefangenen, die aus dem Badehaus kamen, und war sehr niedergeschlagen. Sie trugen dünne Unterwäsche, Kleider und Holzschuhe, wie es im Gefängnis üblich war, und hielten nur etwas Waschzeug in Händen.

„Keine warme Kleidung und keine Bibel, wie sollen wir das aushalten?", flüsterte Corrie ihrer Schwester zu.

„Betsie, Gott erwartet von uns, dass wir alles, was wir haben, aufgeben. Bist du bereit zu einem solchen Opfer?", fragte sie behutsam.

Betsies sonst so heiteres Gesicht bekam plötzlich tiefe Falten und sie fing an zu weinen.

„Nein, Corrie, ich bin nicht bereit. Ich kann das nicht ertragen", stöhnte sie mit gebrochener Stimme. Corrie legte ihren Arm um die abgemagerten, zitternden Schultern und betete: „Herr, wenn du so viel Schweres von uns verlangst, dann gib uns auch deine Kraft dazu." Sie spürte, wie ihre Schwester allmählich wieder still wurde und dann in ruhigem Ton sagte: „Ich bin jetzt bereit."

Endlich waren sie an der Reihe. Sie betraten das Haus und standen unter dem harten Glanz des grellen Lichtes und betrachteten den Berg von Gegenständen, die man den Frauen abgenommen hatte. Dort lagen Decken, Lebensmittel, Wäschebeutel mit Kleidungsstücken, Bücher und andere kleine Kostbarkeiten und Schätze.

Corrie und Betsie warfen ihre Decken und Wäschebeutel auf den Haufen. Doch zuvor hatte Corrie ihre kleine Flasche mit Vitamintropfen herausgenommen.

„Ich muss sie haben, Betsie braucht sie unbedingt", dachte sie. Als sie an den Tisch kamen, wo sie noch einmal durchsucht wurden, legte sie das Fläschchen zusammen mit dem Waschzeug hin. Die Frau schaute es sich an, dann schob sie es in den Beutel zu den andern Sachen und ließ Corrie weitergehen.

Corrie atmete auf und dachte bei sich: „Herr, ich danke dir." Sie wartete auf Betsie. Dann gingen sie zusammen zu dem Tisch, wo die Frauen sich entkleiden und dann nackt in den Duschraum gehen mussten.

„Ich muss die Toilette aufsuchen", sagte Betsie mit schwacher Stimme und hielt sich den Magen. Corrie sprach mit der Aufseherin.

„Dürfen wir diese Toilette benutzen?", fragte sie. Die Frau zeigte auf eine Tür. Corrie führte Betsie dorthin. Sie gingen hinein und schauten sich um. Die Toiletten bestanden aus ausgehobenen

Gruben in der Erde. Sonst fand sich nichts in dem Raum außer kaputten Bänken, die in einer Ecke standen.

Plötzlich kam Corrie ein Gedanke. „Schnell, Betsie", flüsterte sie. „Zieh deine wollene Unterwäsche und den Pullover aus und dann zieh deinen Overall wieder an." Ihre Schwester folgte ihrem Rat. Corrie zog auch ihre Unterwäsche aus, nahm dann die Bibel, die sie in einem Beutelchen um den Hals trug und wickelte sie in die Kleidungsstücke. In wenigen Sekunden war alles erledigt. Sie konnten das Bündel hinter den Bänken verstecken und sich dann wieder den andern anschließen.

Nach dem Duschen zogen sie Gefängniskleidung an. Während Betsie in der Schlange wartete, lief Corrie schnell in den Raum mit den alten Bänken, schnappte sich ihr Bündel und ließ es unter ihren Kleidern verschwinden. So gut sie es vermochte, drückte sie alles etwas platt an sich und betete: „Lieber Herr, stell bitte deine Engel um mich herum, nur diesmal lass sie nicht unsichtbar sein!"

Als sie wieder in der Reihe stand, lächelte sie Betsie vertrauensvoll zu, als diese flüsterte: „Ich kann die Ausbuchtungen sehr deutlich erkennen, Corrie."

„Keine Sorge", sagte sie zu ihr. „Die Aufseherinnen werden sie nicht entdecken, weil sie mich nicht sehen."

Dann kamen sie zum ersten Stand, wo sie untersucht wurden. Genau vor ihnen war eine junge Frau an der Reihe, bei der sich eine Wölbung unter der Kleidung zeigte. Sie wurde befühlt und man fand eine wollene Weste, die man ihr abnahm. Danach war Corrie an der Reihe. Sie ging vorbei und nichts geschah. Es sah so aus, als hätten die Aufseherinnen sie gar nicht bemerkt. Betsie, die nach ihr an der Reihe war, wurde durchsucht.

Anschließend kamen sie zu der zweiten Durchsuchungsstelle. Hier ließen die Aufseherinnen ihre Hände über die Gefangenen gleiten, um versteckte Dinge unter der Kleidung zu entdecken. Corrie ging an ihnen vorbei, ohne dass sie recht wahrgenommen wurde.

„Herr, wenn du meine Gebete in dieser Weise erhörst, dann

kann ich auch Ravensbrück durchstehen", freute sie sich. Betsie sah ihr strahlendes Gesicht und lächelte herzlich.

Man brachte sie zu Baracke Nummer acht. Es war die Quarantänebaracke für die Neuankömmlinge. Dort befanden sich zwei große und zwei kleinere Räume. An jeder Wand standen Stockbetten, drei Etagen hoch.

Corrie und Betsie saßen auf ihrer Lagerstatt und unterhielten sich. Sie waren nun schon einige Tage in der Quarantänebaracke und von den ständigen Appellen erschöpft.

„Sie wollen uns fertig machen, dessen bin ich mir sicher", stöhnte Corrie. „Der gestrige Tag bestand fast nur aus einem endlos langen Appell. Er begann um halb fünf und endete am späten Abend. Ich war so besorgt um dich."

„Mir geht es gut", beruhigte sie Betsie. „Ich bin gewiss, dass Gott uns nicht umsonst hierher gebracht hat. Es sind so viele Frauen, die jetzt zum Beten und Bibellesen zu uns kommen. Man sieht es ihnen am Gesicht an, wie sie aufatmen."

Mit rauen Stimmen wurden Befehle erteilt.

„Nicht schon wieder ein Appell!", jammerte Corrie.

„Es hörte sich an, als müssten wir zu einer ärztlichen Untersuchung", meinte Betsie.

Zusammen mit den andern verließen sie die Baracke und horchten. Diesmal konnten sie den Befehl deutlich hören. „Melden Sie sich in der Krankenhausbaracke zur medizinischen Untersuchung!"

Die Gefangenen schleppten sich dort hin. Corrie und Betsie mussten lange draußen warten, bis sie vorgelassen wurden.

„Ziehen Sie sich aus und lassen Sie Ihre Kleider hier liegen!", brüllte ein Aufseher.

„O nein, nur nicht vor diesen Männern nackt dastehen!", dachte Corrie. Hilflos schaute sie Betsie an. Sie wusste genau, dass sie ebenso empfand. Nackt und zitternd vor Scham und Kälte standen sie dann da. Sie fassten sich bei der Hand, um sich so zu stärken, damit sie die hämischen Blicke und die hässlichen, obszönen Witze der Wachmannschaft ertragen konnten.

Die Ärzte, denen sie vorgestellt werden sollten, saßen noch nicht einmal an ihren Tischen. Plötzlich erinnerte sich Corrie an ein Gemälde von Jesus am Kreuz, das sie einmal gesehen hatte. Da kam es ihr zum ersten Mal in den Sinn, dass ja auch er die Nacktheit hatte ertragen müssen.

„Wie sehr muss das seine übrigen Leiden noch verstärkt haben", dachte sie.

„Herr, es ist mir nie zuvor bewusst geworden, dass du ja für uns nackt am Kreuz hingst. Jetzt begreife ich ein wenig, was es dich gekostet hat, so zu leiden. Ich danke dir, dass du dies für mich ertragen hast. Hilf mir, dass ich es auch für dich ertragen kann."

Ihr Körper krampfte sich zusammen und zitterte immer noch. Aber im Inneren empfand sie großen Frieden.

Drei Leute vom medizinischen Personal erschienen – zwei Ärzte und ein Zahnarzt.

Die Gefangenen stellten sich hinter ihnen auf. Einer der Ärzte schaute sie schnell von oben bis unten an, ein anderer guckte in ihren Mund und der Dritte besah sich ihre Finger.

„Dafür hätten wir uns gar nicht ausziehen müssen", dachte Corrie. „Es ist einfach nur eine weitere Demütigung für uns."

\* \* \*

Corrie benutzte die halbe Stunde freie Zeit vor dem Schlafengehen zu einem Rundgang. Aber dieser war alles andere als angenehm. Sie war bereits an den Arrestbaracken vorbeigekommen, in denen man die Frauen unterbrachte, die zum Tode verurteilt waren und die man als menschliche Versuchskaninchen benutzte. Dann kam sie zu dem Bunker, der für die „schwersten Fälle" reserviert war. Eine Gefangene von ihnen wurde gerade ausgepeitscht.

Danach wurde ihre Aufmerksamkeit auf eine kleine Betonzelle gelenkt. Darin befand sich ein behindertes Kind, das sich an eine Wand lehnte und nichts weiter auf dem Leibe trug als ein kurzes Hemdchen.

„Weißt du", bemerkte eine Gefangene, „dieses Kind steckt schon drei Wochen in diesem Loch, bekommt nur halbe Rationen und muss ohne eine Decke auf dem Betonboden schlafen. Es ist verwunderlich, dass es überhaupt noch lebt und so etwas aushalten kann."

Corrie tat das Herz weh, wenn sie an das Mädchen dachte. Sie hätte am liebsten diesen dünnen Körper in die Arme geschlossen. Mit Tränen in den Augen wandte sie ihren Blick weg vom Fenster und betete: „Herr, nimm du bitte diese Kleine bald in deinen liebenden Armen auf. Und dann schenke, dass ich bald entlassen werde, damit ich ein Heim für solche Kinder eröffnen kann."

Sie ging auf die Suche nach Betsie und dachte dabei: „Selbst wenn wir nicht bald entlassen werden, hoffe ich doch, dass wir wenigstens aus diesen Quarantänebaracken herauskommen. Im Hauptlager wird es besser sein. Wenigstens können die Zustände dort nicht schlimmer sein."

# 11. Häftling 66730 in Ravensbrück

„O Betsie, wo sind wir bloß hingekommen?", fragte Corrie ganz verzweifelt. Sie standen dort, wo die Wachen sie zurückgelassen hatten, mitten in einem großen Schlafsaal in Barracke 28. Das sollte ihre neue Dauerunterkunft sein, nachdem sie sieben Wochen im Quarantäneblock zugebracht hatten. Der Raum war düster und stank fürchterlich. Einige Fenster waren verglast, die andern Fensterlöcher aber waren mit Lumpen oder Zeitungspapier zugestopft. Überall, wohin man blickte, waren dreistöckige Lagerrutschen, dazwischen enge Gänge.

„Es wird nicht leicht sein", stöhnte Betsie, „aber der Herr wird uns zeigen, wie wir hier durchkommen."

„Das wird er tun müssen", dachte Corrie, als all ihre Hoffnungen auf eine bessere Lage geschwunden waren. Sie konnte hören, wie die andern Neuankömmlinge auf ihr Strohlager kletterten.

Plötzlich ertönte ein Aufprall und ein Schrei. Die Schwestern eilten dorthin, woher das Geräusch zu ihnen gedrungen war. Eine Frau war durch die Latten ihrer Lagerstatt gestürzt und einen Stock tiefer gelandet. Dabei hatte sie Stroh, und Staub und Schmutz mit sich gerissen.

„Das kommt wohl dauernd vor", dachte Corrie, denn sie sah die großen Löcher zwischen den Latten in den anderen Bettstellen.

Sie halfen der Frau, wieder ein wenig Ordnung zu schaffen und ihre Lagerstatt so gut wie möglich herzurichten. Dann begaben sie sich wieder zu ihrem eigenen Platz.

Die Aufseherin hatte ihnen gezeigt, wo sie schlafen sollten – in der zweiten Etage.

„Ihr und sieben andere", sagte sie und zeigte auf eine Fläche, auf der eigentlich nur vier Menschen hätten schlafen können.

„Nun, wir sollten üben, wie wir da hinaufklettern können", schlug Corrie vor. Betsie stand auf der ersten Etage, dann schwang sie sich zur zweiten hoch, wobei ihre Schwester ihr half und dann folgte. Sie lagen auf dem Strohsack und blickten auf die Bretter, die über ihnen waren. Corrie versuchte sich aufzurichten, aber dazu war es zu niedrig.

„Die Decken sind schrecklich schmutzig", stellte sie fest. Im nächsten Augenblick kletterte sie schnell zur ersten Etage und von dort rutschte sie hinunter zum Fußboden. Dabei rief sie: „Flöhe, Betsie! Der Strohsack wimmelt nur so von ihnen!"

Etwas vorsichtiger und langsamer suchte sich Betsie einen Weg nach unten. Sie schien mit ihren Gedanken ganz woanders zu sein.

„Sieh doch, die Flöhe sind auch auf dem untersten Strohsack", beklagte sich Corrie. „Ist das nicht entsetzlich!"

„Corrie", bemerkte Betsie und klang dabei seltsam erregt.

„Ja."

„Gott hat mir gezeigt, wie wir dies alles ertragen können. Er hat mich dazu ermutigt, dass wir in allen Lagen danken sollen. Deshalb wollen wir jetzt damit anfangen."

„Für dieses entsetzliche Elendslager sollen wir danken?", klagte Corrie verärgert.

„Nun, wir können ihm danken, dass wir noch zusammen sind, dass wir unsere Bibel, die warme Unterwäsche und die Vitamintropfen haben."

„Das ist wahr", antwortete Corrie und senkte ihren Kopf, um Gott für diese Segnungen zu danken.

„Und wir danken dir für die Menschen", betete Betsie. Ziemlich unwillig fügte Corrie ein Amen hinzu, aber ihre Schwester war noch nicht mit ihrem Gebet zu Ende.

„Wir loben dich auch für die Flöhe", sagte sie.

„Das geht jetzt aber doch ein bisschen zu weit", dachte Corrie und schaute Betsie missbilligend an.

Menschen drängten jetzt in die Baracke. Es waren die Frauen, die von ihren Arbeitsplätzen zurückkamen.

„Es sieht so aus, als ob wir jetzt unsere sieben Bettgenossinnen zu Gesicht bekommen", bemerkte Corrie und fügte hinzu: „Ich bin gespannt, welche Arbeit man uns zuteilt."

* * *

„Wie lange werden wir diese Schinderei ertragen können?", fragte sich Corrie, als sie und Betsie einen schweren Wagen schoben.

„Schneller! Schneller!", brüllte eine Aufseherin und schlug mit ihrer Peitsche zu. Sie traf Corrie am Hals. Aber der Schmerz war nichts im Vergleich zu dem Gefühl, das sie überkam, wenn sie hörte, wie Betsie neben ihr um Atem rang.

Die Fabrik, in der sie schon einige Wochen gearbeitet hatten, war einige Kilometer vom Lager entfernt. Wenn sie morgens dorthin marschierten, kamen sie an Häusern und Straßen vorbei, in denen ganz normale Menschen in Freiheit lebten. Aber Corrie war es nicht einmal gelungen, einige freundliche Blicke mit ihnen zu tauschen. Denn wenn die Häftlinge näher kamen, drehten sich die Ortsbewohner einfach weg.

Corrie hatte das Verlangen, sich an der schönen Färbung der Herbstlandschaft mit ihren goldenen, braunen und rötlichen Tönungen zu erfreuen. Aber dazu blieb ihr keine Zeit. Es fegte zudem ein kalter Wind durch die verschlissenen Stellen ihrer abgetragenen Kleidung. Und einfach stehen bleiben durfte man auch nicht.

Mittlerweile waren sie an den Eisenbahnschienen angekommen. Dort machten sie Halt und mussten nun schwere Metallplatten aus den Güterwagen wuchten, diese auf ihre Karren laden und sie dann zu den Fabriktoren transportieren.

Corrie zog unter ihrer Kleidung etwas Packmaterial hervor, das sie hatte auftreiben können. Sie wickelte es um Betsies Hände, um sie ein wenig gegen die beißende Kälte und das kalte Eisen zu schützen.

Schweigend taten sie ihre Arbeit. Sie füllten ihren Karren und schoben ihn dann wieder zurück. Nur jetzt war er viel schwerer. Corrie schaute zum Himmel und vergewisserte sich, wie hoch die Sonne noch stand.

„Es dauert nicht mehr lange, Betsie", flüsterte sie ihr mutmachend zu. Ihre Schwester war so außer Atem, dass sie nicht mehr antworten konnte, sondern nur Corrie freundlich zulächelte.

Corrie war schrecklich ausgehungert. Am frühen Morgen hatten sie ein paar Schluck sogenannten Kaffee und eine Scheibe Schwarzbrot erhalten. Mittags gab es eine Blechschüssel mit dünner, warmer Brühe, in der ein paar Kartoffelstückchen schwammen. Das war das Essen für den Tag. Aber am meisten verlangte sie jetzt nach Ruhe und nicht nach Essen, denn ihre Beine und ihre mit Blasen überzogenen Hände schmerzten entsetzlich.

Schließlich kam der Befehl, anzutreten und nach Hause zu marschieren. Als sie das Lager erreichten, war Betsie dem Zusammenbruch nahe, aber noch immer gab es keine Ruhe. In langen Schlangen standen sie an, um ihre Suppenration für den Abend zu empfangen, die schnell verzehrt war.

Endlich waren sie frei. Corrie stützte Betsie, als sie in ihren Schlafsaal gingen, und dann sanken beide todmüde auf ihren Strohsack.

„Es ist doch erstaunlich, was eine kurze Ruhe bewirken kann", überlegte Corrie. Sie ging und holte ihr Fläschchen mit den Vitamintropfen und gab sie Betsie.

„Ich glaube, du hast allen davon etwas gegeben", bemerkte sie.

„Oh, nur ganz wenigen", antwortete ihre Schwester. Sie nahm drei Tropfen.

„Es können jetzt nur noch einige wenige Tropfen darin sein", tadelte Corrie. Dann schraubte sie den Deckel drauf und steckte die Flasche weg.

„Das sagst du schon seit Wochen", bemerkte Betsie lächelnd.

„Ja, ich weiß", stimmte ihr Corrie zu.

„Ich kann auch nicht verstehen, warum die Flasche nicht schon längst leer ist."

„Das musst du auch gar nicht verstehen wollen", beruhigte sie Betsie. „Nimm es einfach als eines der vielen Wunder Gottes. Jetzt wollen wir aber endlich Andacht halten."

„Fühlst du dich dazu imstande?"

„Ja, es geht. Halte du die Andacht, und ich will dann beten."

Die Schwestern sprachen mit einigen Frauen, die in ihrer Nähe den Schlafplatz hatten, und gingen dann in den hinteren Teil des Raums, wo es noch hell genug zum Lesen war. Corrie zog die Bibel aus dem Beutel unter ihren Kleidern hervor, schlug sie auf und bat Gott, er möge ihr eine gute Botschaft schenken. Währenddessen kamen die Frauen aus allen Teilen der Baracke zu ihnen. Sie wollten die Andacht hören. Es waren alte Bekannte aus Vught und neue Freunde aus Ravensbrück und auch andere, die sie kaum kannten.

Corrie schaute sie an. Es waren Frauen aus verschiedenen Ländern und Kulturen. Sie alle hatten viel schreckliches Leid und schlimme Not erfahren – junge Frauen wie die hübsche Marie, solche in mittleren Jahren wie Betsie und sie selbst und ältere wie Frau Lenes.

Dann wandte sie sich wieder ihrer Bibel zu und las:

„Denn ich bin gewiss, dass weder Tod noch Leben, weder Engel noch Fürstentümer noch Gewalten, weder Gegenwärtiges noch Zukünftiges, weder Hohes noch Tiefes noch keine andere Kreatur mag uns scheiden von der Liebe Gottes, die in Christus Jesus ist, unserm Herrn."

Sie hielt inne, schaute dann auf und sagte: „Selbst hier sind wir nicht von Gottes Liebe getrennt. Nichts von dem, was sie uns in Ravensbrück antun können, kann uns von seiner Liebe scheiden. Wenn wir Jesus angehören, erfahren wir diese Wahrheit an uns selbst."

Die Frauen hörten gespannt zu, als sie redete. Wer fremde Sprachen beherrschte, übersetzte das Gesagte, damit es auch die verstehen konnten, denen Holländisch nicht vertraut war.

Am Schluss betete Betsie noch.

\* \* \*

Wieder war Appell.

„Ich glaube, wir sollten darüber nachdenken, ob wir nicht nach den abendlichen Appellen eine Andacht halten können", schlug Betsie vor, als sie und Corrie zu der Stelle gingen, an der die Frauen aus Baracke 28 sich aufstellen mussten.

„Immer mehr Frauen möchten zu uns kommen."

„Ja, ich habe auch das Empfinden, dass Gott an diesem dunklen Ort zu vielen Menschen redet", bestätigte Corrie. „Es ist erstaunlich, dass man uns die meiste Zeit in Ruhe lässt. Im Hauptraum drehen immer die Wachen ihre Runden, aber um unsern großen Schlafsaal scheint sich kaum jemand zu kümmern."

Der langweilige Appell begann. Corrie hoffte, dass sie in der Nacht von Schikanen verschont blieben, als sie Betsie ins Bett gebracht hatte und ihr vor Müdigkeit fast die Augen zufielen.

Dann begrüßte sie Mien, die einen Beutel an sich drückte. Sie war ihnen sehr gut von Haarlem bekannt und arbeitete jetzt auf der Krankenstation.

„Vitamintabletten!", erklärte sie und fügte leise hinzu: „Ich habe aus jeder Packung ein paar herausgenommen, so dass es niemand gemerkt hat."

„Vielen Dank, Mien" drückte ihr Betsie die Hand und Corrie lobte sie: „Das ist ja wunderbar! Jetzt kann ich Betsie die letzten paar Vitamintropfen verabreichen." Sie holte das Fläschchen hervor, schraubte den Deckel ab und wollte sie auf Betsies Zunge träufeln. Aber nichts geschah. Sie schüttelte das Fläschchen, aber es kam kein Tropfen mehr heraus.

Betsie schloss den Mund und bemerkte nur: „Nun ist das Wunder nicht mehr nötig."

\* \* \*

Schließlich war die Arbeit in der Fabrik beendet. Corrie und Betsie waren dazu bestimmt worden, in einem Rüstungsbetrieb zu arbeiten, und mussten sich mal wieder zu einer medizinischen Untersuchung melden.

Sie standen draußen vor der Sanitätsbaracke zusammen mit den anderen Häftlingen.

Corrie fragte eine von ihnen: „Kannst du mir sagen, wie die Arbeit im Rüstungsbetrieb ist?"

„Ich habe erfahren, dass die Arbeitsbedingungen und auch die Ernährung besser sein sollen als hier", antwortete die Frau. „Schon der Gedanke, nicht mehr an diesem schrecklichen Ort sein zu müssen, lässt mich aufleben."

Corrie und Betsie schauten sich hoffnungsfroh an. Als ihre Nummern aufgerufen wurden, gingen sie in das Gebäude hinein, zogen sich aus und standen nackt vor dem Arzt. Er blickte verächtlich auf Betsies abgemagerten Körper und ihr bleiches Gesicht und sagte nur: „Untauglich!"

Dann kam Corrie an die Reihe.

„Tauglich!", stellte der Arzt fest.

Die beiden Schwestern blickten sich entsetzt an. Nun würde Betsie innerhalb des Lagers beschäftigt, während Corrie im Rüstungsbetrieb arbeiten musste.

„Herr, bitte lass mich nicht von Betsie getrennt werden", betete Corrie verzweifelt. „Sie braucht mich."

Dann war sie weiter bis zu einem Tisch gegangen, an dem eine Frau saß, die die Augen der Gefangenen untersuchte.

„Lies diese Buchstaben!", befahl sie und zeigte auf eine Tafel. Corrie stolperte dorthin und tat so, als ob sie die Buchstaben nicht genau erkennen konnte.

Die Frau sah sie mit scharfen Blicken an und fragte: „Willst du nicht im Rüstungsbetrieb arbeiten?"

„O nein!", sagte Corrie hastig. „Wissen Sie, meiner Schwester geht es nicht gut und sie braucht mich."

„Komm und stell dich morgen bei mir wegen einer neuen Brille vor", befahl ihr die Ärztin und reichte Corrie einen Zettel. Sie betrachtete ihn und lächelte. Ihr fiel ein Stein vom Herzen. Auf dem Bogen stand geschrieben, dass sie sich um halb sieben vorstellen sollte. Das war gerade die Zeit, wenn die Arbeitskolonne zum Rüstungsbetrieb abmarschieren musste.

Am nächsten Morgen, als die Wagen durch die Tore fuhren, meldete sich Corrie in der Sanitätsbaracke. Ein Aufseher schaute sie an und mahnte sie: „Sie dürfen nicht ohne eine Ihrer Aufseherinnen hier hereinkommen." Corrie wandte sich ab und ging umher, bis sie die Aufseherin sah, die von den Häftlingen „die Schlange" genannt wurde.

„Häftling 66730 ten Boom Cornelia meldet sich zur Stelle", sagte sie und ging auf die Wärterin zu. „Ich soll eine neue Brille bekommen."

„Die Schlange" winkte ab und sagte: „Ich habe jetzt keine Zeit, suchen Sie nach einer anderen Aufseherin." Corrie machte sich auf die Suche und fand schließlich eine. Aber auch die hatte nur ein Nein auf den Lippen: „Ich habe keine Zeit, Sie zu begleiten."

Corrie war verwirrt. Was sollte sie jetzt tun? Sie ging zu Betsie und erzählte ihr, was geschehen war. Eine Aufseherin entdeckte sie, wie sie untätig herumstanden, und rief: „Meldet euch zum Stricken!"

Die beiden Schwestern waren froh. Sie eilten zur Baracke 28. In diesem Raum waren eine Menge Frauen, die graue Wollsocken für die Soldaten strickten. Die Betriebsleiterin schrieb ihre Nummern in ein schwarzes Buch und erklärte ihnen: „Da ist die Wolle mit der Arbeitsanleitung. Ihr werdet aber im Schlafsaal arbeiten müssen. Hier ist kein Platz mehr."

Corrie und Betsie nahmen ihr Arbeitsmaterial und gingen erleichtert in den Schlafsaal.

„Wir werden im Haus und nicht in der Kälte zusammen sein und brauchen nur leichte Arbeit zu verrichten", dachte Corrie voll Dank.

\* \* \*

Man hörte das Geräusch der Stricknadeln in dem dunklen, stickigen Raum, als Corrie zu der Gruppe der Frauen sprach, die aufmerksam zuhörten.

„Wenn Jesus unser Freund und Heiland ist, kann selbst dieser Ort von Licht erfüllt sein. In unser aller Leben gibt es Finsternis, nicht nur im Leben der Aufseherinnen. Auch wenn wir noch so gute Menschen sind, brauchen wir doch alle Jesus, der das Licht der Welt ist."

Nun hatten sie schon einige Wochen lang in der Strickerei gearbeitet und dabei auch viel Gelegenheit gefunden, mit andern Frauen bekannt zu werden, mit ihnen zu beten, zu sprechen und die Bibel gemeinsam zu lesen. So änderte sich allmählich auch die Atmosphäre im Schlafsaal.

Die beiden Schwestern lagen auf ihren Strohsäcken und unterhielten sich vor dem Einschlafen. „Wir hatten heute Abend eine gesegnete Andacht", freute sich Betsie. „Ja, das stimmt", pflichtete ihr Corrie bei.

Im Dunkeln fing ihre Schwester leise an zu lachen.

„Was ist daran so lustig?", fragte Corrie.

„Nun, du hast doch oft davon gesprochen, wie überrascht du seist, dass die Aufseherinnen uns hier kaum kontrollieren."

„Ja."

„Siehst du, ich habe den Grund dafür gefunden."

„Dann sag es mir doch!" Betsie musste wieder lachen.

„Es ist wegen der vielen Flöhe." „Keine von den deutschen Nazis kommt gern hierher wegen der Flöhe." Nun musste auch Corrie lachen.

„Du hast doch Recht behalten", gestand sie und drückte dabei Betsie fest die Hand. „Wir müssen wirklich für alles danken. Gute Nacht!"

„Gute Nacht, Corrie!"

\* \* \*

Betsie und Corrie gingen Hand in Hand zum Appell und beteten auf dem Weg. Sie hatten entdeckt, dass dieses Gespräch unterwegs mit Gott ihnen half, die Schikane auf dem zugigen Platz besser zu ertragen. Über ihnen erglänzten die Sterne am frühen Morgenhimmel. Um sie herum lagen die Gebäude von Ravensbrück – die Baracken, das Krematorium, die Wachtürme, die Bunker, die Sanitätsbaracke. Doch in ihrem Herzen herrschte ein so unbeschreiblicher Friede, dass Betsie flüsterte: „Das ist schon ein Stück Himmel, Corrie!"

Sie erreichten den Appellplatz und mussten sich in Reih und Glied aufstellen. Dann begann das endlose Aufrufen von Namen und Nummern.

„Welch einen Anblick müssen wir hier bieten", dachte Corrie. „Tausende von ausgemergelten, in Lumpen gehüllte Frauen." Ihr eigenes Aussehen war typisch dafür. Ihr Mantel war ausgebeult von den vielen Zeitungen, die sie darunter gestopft hatte, um die Kälte ein wenig abzuhalten. Der Mantelsaum hing herunter. Eine schmutzige, karierte Mütze aus Stoff bedeckte ihr fettiges Haar. Ihre Beine waren durch ihre Nierenerkrankung geschwollen, die eine Folge der schlechten Ernährung im Konzentrationslager war. Durch das stundenlange Stehen war es noch schlimmer geworden. Mit einigen Fetzen ihrer Strickereien hatte sie die Waden umwickelt. Ihre Schuhsohlen waren fast durchgelaufen.

„Wenigstens lassen die Wachen es zu, dass wir uns die Füße vertreten können, damit sie nicht noch mehr erfrieren", dachte sie. Aber das brachte ihr heute nicht viel ein, denn sie stand in einer Wasserlache. Wenn sie sich bewegte, hätte eine Aufseherin dies bemerken und sie mit der Peitsche traktieren können. Anderseits war es so, dass eine andere im Wasser hätte stehen müssen, wenn sie nicht da stünde. Wie leicht konnte man doch in Ravensbrück egoistisch werden.

Sie erinnerte sich an die Holländerin, die ihr, als sie damals ein Neuankömmling war, wohlmeinend zu verstehen gab: „Denk zuerst an dich selber – nur so kannst du hier überleben." Aber Corrie wusste, dass dies nicht das richtige Verhalten war. Jesus wollte, dass der Mensch sich für die andern einsetzen sollte.

Plötzlich ratterten Lastwagen auf den Platz, und Tausende von stampfenden Füßen blieben stehen. In bedrückender Stille sahen die Gefangenen zu, wie man Patienten aus den Sanitätsbaracken in die Lastwagen verfrachtete, wohl wissend, dass diese Menschen sich auf eine Reise ohne Rückkehr begaben.

Corrie stand da und fühlte sich wie gelähmt. Ihr wurde es bei diesem Gedanken fast übel. Mit eigenen Augen musste sie das grässliche Elend sehen. Das war nicht zu verkraften, dabei musste einem ja schlecht werden. Diese Patienten, von denen einige jetzt durch die etwas menschlicheren Krankenschwestern Trost empfingen, sollten dann in die Gaskammern getrieben und umgebracht werden. Wenn das Lager zu voll wurde, waren die Kranken immer zuerst an der Reihe, danach kamen die Menschen dran, die auf der schwarzen Liste standen, so wie sie selbst, Betsie und viele andere von den Strickerinnen.

„Ich kann das schreckliche Leiden nicht länger ertragen, lieber Herr", betete Corrie. „Lehre du mich, wie ich es annehmen und dir überlassen kann, sonst werde ich keine Kraft haben, hier für dich zu wirken."

Tage, Wochen, Monate gingen vorüber. Das Wetter wurde zunehmend frostiger: Im November war es den Häftlingen erlaubt, einen Mantel anzuziehen. Es gab keine neuen Nachrichten von den Angehörigen, nur Gerüchte waren bei den Gefangenen im Umlauf, die sich auf den Fortgang des Krieges bezogen. Wenn sie gewusst hätten, was sich inzwischen ereignet hatte, wären sie noch mehr entmutigt worden. Hitler hatte in diesem Winter zu einem Gegenangriff ausgeholt und damit den Vormarsch der Engländer und Amerikaner aufgehalten. Zur gleichen Zeit forderte er mehr Arbeitskräfte, mehr Lebensmittel und mehr Waren für Deutschland. Seine wahnsinnige Wut auf die Juden übertraf alles Bisherige.

Corrie und Betsie konnten nur ahnen, was hier vor sich ging, und setzten ihre Arbeit fort, zu der sie sich von Gott berufen wussten.

„Wenn dies alles vorbei ist", sagte Betsie, „werden wir ein großes Haus in Holland und ein weiteres in Deutschland kaufen, wo die Menschen, die der Krieg seelisch zerbrochen hat, Heilung finden werden." Sie beschrieb das Haus, wie sie es sich vorstellte, mit seinen Gärten, seinen geräumigen Zimmern und der schönen Holztäfelung.

„Es ist gerade so, als wenn sie es vor sich sähe", dachte Corrie. Nachdem sie einen sehr ausgefüllten, aber glücklichen Sonntag verbracht hatten, lagen sie nun auf ihrem Lager. Sie hatten an diesem Tag keine Kartoffeln pflanzen und auch keinen Sand schaufeln müssen. Zwischen den Appellen hatte es ein paar Stunden freie Zeit gegeben. Sie hatten damit zugebracht, dass sie in Baracke 28 von einem Strohsack zum andern gingen und kurze Andachten hielten. Neun waren es an diesem Tag gewesen.

„Es wird ein so glücklicher Ort sein", meinte Betsie schließlich.

„Ja", stimmte ihr Corrie zu. „Wir werden Sport, Musik und viele Beschäftigungen anbieten, so dass Kinder wieder aufleben."

„Wir werden die Häuser mit allerhand Blumen und schönen Dingen umgeben", schlug Betsie vor. „Wir werden dabei Geduld brauchen, aber wenn man den Menschen Hass anerzogen hat, dann können sie auch wieder nach und nach lieben lernen."

„Hass anerzogen?", überlegte Corrie. Dann ging ihr erst auf, was eigentlich gemeint war. Sie selbst hatte davon gesprochen, dass man sich nach dem Krieg um die Mithäftlinge kümmern sollte, während Betsie an die bösartigen, rücksichtslosen Aufseherinnen gedacht hatte.

Die Häftlinge von Baracke 28 warteten darauf, dass sie nach einem lang andauernden Frühappell wieder zu ihren Schlafsälen gehen konnten. Aus irgendeinem Grunde schien niemand bereit zu sein, die Barackentür aufzuschließen und sie hereinzulassen. Deshalb ließ man sie lange Zeit im Freien in der bitteren Kälte stehen.

Eine Frau löste sich aus der Gruppe und versuchte, durch ein Fenster zu klettern. Eine von den Aufseherinnen riss sie weg und schlug brutal auf sie ein. Corrie schauderte und blickte zu Betsie hinüber. An einigen Tagen schien sie gleichsam abgeschirmt zu sein, so dass sie all das Schreckliche gar nicht recht wahrnahm.

Heute aber war es anders. In ihrem Gesicht zeichnete sich das Leiden ab.

Corrie legte ihren Arm um sie. Ein behindertes Kind hatte aus

Versehen seine Kleidung beschmutzt und wurde dafür grausam geschlagen. Corrie hatte das Empfinden, als würden die Schreie des Mädchens sie selbst zerreißen, und Betsie zuckte und bebte in ihren Armen.

Eine alte Frau bettelte die Aufseherin an, hereingelassen zu werden, aber sie wies sie schroff zurück. Es dauerte nicht lange, dann lag sie zusammengekauert auf dem kalten Erdboden.

„O Corrie", flüsterte Betsie mit gebrochener Stimme, „das ist die Hölle." Corrie schlug ihre Arme noch fester um ihre Schwester und raunte ihr ins Ohr: „Gott hat versprochen, uns nie, nie zu verlassen!"

Dann schaute sie nach oben und sah, wie die dunklen Wolken sich unter den Strahlen der Sonne röteten. Bald würde sie über dem Horizont aufgehen und die Dunkelheit vertreiben.

Nach beinahe einer Stunde wurde die Tür aufgeschlossen und die Gefangenen durften hereingehen. Nun konnte sie sich ausruhen und erwärmen. Betsie hatte bald wieder ihre alte Ruhe und Freundlichkeit zurückgewonnen und war imstande, andern zuzuhören und ihnen zu sagen, dass Jesus auch hier der Sieger sei.

Immer mehr Häftlinge kamen nach Ravensbrück. Sie waren aus Konzentrationslagern in Österreich, Belgien, Frankreich und Holland evakuiert worden. Die Baracken waren beängstigend, ja bedrohlich überfüllt.

Im Dezember wurden die Tage kürzer und noch kälter. Die Häftlinge erhielten jede eine zusätzliche Decke, aber für Betsie reichte das nicht aus. Von Tag zu Tag fror sie mehr und wurde immer blasser und ausgemergelter. Ihr Husten war schrecklich anzuhören.

„Ich muss sehen, dass sie in die Krankenabteilung kommt", dachte Corrie besorgt. „Behandeln wird man sie dort kaum, einen freundlichen Umgang darf sie dort auch nicht erwarten, aber es bleiben ihr wenigstens die Appelle erspart."

Sie beugte sich über die Lagerstatt ihrer Schwester, rieb ihr die Hände warm und strich über ihre Stirn. Betsie hatte schon einmal einen kurzen Aufenthalt in der Krankenstation hinter sich, aber diesmal ging es ihr viel schlechter. Das konnte ihr Corrie ansehen. Ihre Haut war fast durchsichtig und ihr Herzschlag beunruhigend schwach und unregelmäßig.

„Appell! Alle Gefangenen sofort heraustreten!", ertönte die raue Stimme der Aufseherin. Corrie und Maryke, eine Freundin von ihnen, nahmen Betsie in die Arme und trugen sie hinaus.

„Wartet!", rief eine Aufseherin. Sie blieben stehen, während sie sich näherte und in Betsies wachsbleiches Gesicht schaute. Ihr sonst so hartes Gesicht schien für einen Augenblick etwas weichere Züge anzunehmen, als sie sagte: „Bringt sie zurück! Ich will eine Trage anfordern und sie zur Krankenstation bringen lassen. Geht ihr dann zum Appell!"

Corrie wollte unbedingt wissen, was mit ihrer Schwester geschehen würde. Nach dem Appell eilte sie in den Schlafsaal zurück. Man hatte Betsie auf eine Trage gelegt und sie durch die langen Flure getragen. Niemand hielt Corrie auf, als sie neben ihr herschritt.

Sie gingen in die kalte Winterluft und hinüber zur Krankenstation. Dabei kamen sie an langen Reihen von Kranken, Toten und Sterbenden vorbei, die außerhalb der Krankenstation lagen. Sie erreichten dann einen großen Krankensaal.

Die Trage wurde abgesetzt. Betsie sprach ein paar Worte. Corrie beugte sich zu ihr nieder, um sie zu verstehen.

„Wir werden überall hingehen und den Menschen sagen, dass es keinen Ort auf Erden gibt, der so dunkel ist, dass Gottes Liebe ihn nicht durchdringen kann. Sie werden uns glauben, denn wir waren hier in Ravensbrück." Ihre Stimme war schwach, aber doch voller Hoffnung und Gewissheit.

„Wann, Betsie, wann?", fragte Corrie.

„Bald, Corrie! Im neuen Jahr werden wir frei sein!" Diese Worte waren eine Woche vor Weihnachten gesprochen worden. Sie gaben Corrie neuen Mut.

Am Mittag wurde ihr von der „Schlange" ein Besuch erlaubt, aber eine unbarmherzige, böse Krankenschwester ließ sie nicht ans Bett von Betsie treten. Sie stand draußen im Schneesturm und schaute durchs Fenster zu ihrer Schwester, die auf einer schmalen Pritsche lag. Ihre Lippen waren blau, und doch lag auf ihrem Gesicht ein Lächeln.

Der Nachmittag und der Abend schleppten sich dahin, ohne dass Corrie Gelegenheit hatte, Betsie wieder zu sehen. Sie bat um Erlaubnis, wurde aber jedes Mal abgewiesen. Dann kam die Nacht und Corrie schlief unruhig.

Nach dem Frühstück und dem Appell ging sie zur Krankenstation. Die Spannung der Ungewissheit war kaum noch auszuhalten. Sie schaute durch das Fenster zu Betsies Bett hinüber. Dort sah sie, wie zwei Krankenschwestern einen Körper auf ein Leinentuch legten, einen Körper, der nur noch aus Haut und Knochen bestand.

Es war Betsies Leichnam.

# 12. Patient in Baracke 9

Betsie war tot. Corrie wandte sich weg von der Sanitätsstation. Sie taumelte. Taub und geistesabwesend war sie für alles um sie herum. Nur die eine Tatsache, die ihr fast das Herz brach, nahm sie wahr. Nach fast mehr als fünfzig gemeinsamen Jahren waren sie nun getrennt. Dabei hatte doch Betsie voller Gewissheit gesagt: „Im neuen Jahr werden wir frei sein, beide frei, Corrie."

„Gut, Betsie ist nun frei, ich aber nicht. Hier in dieser Hölle der Welt bin ich ganz allein", überlegte sie, als sie auf ihren geschwollenen Beinen hin und her wankte.

Winter in Ravensbrück ohne Betsie. Wie sollte sie dies ertragen?

Plötzlich wurde sie innerlich bewegt von einer Erinnerung. Wochen zuvor hatte Betsie einige Tage auf der Krankenstation bleiben müssen, und sie war mit einer Reihe ernster und auch ärgerlichen Fragen weggegangen. Warum mussten sie an diesem schrecklichen Ort sein? Warum musste Betsie so leiden?

Und dann hatte sie eine Stimme vernommen, die drei Worte sprach: „Vom Erbarmen erfüllt." Schnell hatte sie sich umgeschaut, aber nirgends war der Sprecher dieser Worte zu entdecken. In einem Ausbruch von Freude war ihr klar geworden, dass der Herr selber diese Worte gesprochen hatte, um ihr die innere Gewissheit zu geben, dass in seinem Herzen nur Mitleid für sie beide wohnte.

„Der Herr hat sich nicht geändert", dachte sie. „Er ist noch da. Er sorgt sich noch um mich."

Jetzt konnte sie wieder umkehren und auch den Anblick von Betsies Leichnam ertragen. Sie ging in die Krankenbaracke und kam bis zur Tür des Waschraums. Elf Leichen lagen auf dem Fußboden. Das war zu viel für sie. Wieder floh sie hinaus in die Kälte und lief ziellos hin und her.

Schwach vernahm sie, wie jemand ihren Namen rief. Dann griff ein Mensch nach ihrem Arm und eine Stimme sagte: „Corrie, ich habe dich überall gesucht. Komm doch!" Es war Mien. Sie führte sie wieder zur Krankenstation in den Waschraum. Corrie wehrte sich dagegen, aber Mien zog sie zu einer der Toten und sagte eindringlich: „Schau sie dir an!" Corrie zwang sich, ihren Blick nach unten zu richten. Das war doch unmöglich, gar nicht zu glauben, einfach wunderbar! Betsies Angesicht war verklärt. Verschwunden waren die eingefallenen Wangen und die Spuren von Krankheit und Schmerz. Hier lag Betsie aus Haarlem – voll innerer Ruhe und Schönheit.

„O Herr, ich danke dir, ich danke dir, dass deine liebende Hand zugegen war!", flüsterte Corrie. Noch einmal blickten sie lange auf die Tote. Dann gingen sie beide hinaus.

„Das müssen wir den andern mitteilen", schlug Corrie vor. „Wir laden sie ein zu einem Gedächtnisgottesdienst."

Corrie schaute in die Angesichter vieler Frauen, die Betsie geliebt hatten und die sich versammelt hatten, ihrer zu gedenken. Einige Augenblicke musste sie mit ihren Gefühlen kämpfen. Dann begann sie zu sprechen.

„Jesus, unser Herr, ging durch den Tod in ein wunderbares neues Leben. Betsie folgte ihm. Sie ist jetzt mit ihrem Heiland vereint, in der Gegenwart ihrer Lieben, frei von allem Schmerz von Krankheit und Übel."

Danach lag sie auf ihrem Strohsack und empfand in jeder Weise eine schmerzhafte Leere – Betsie war nicht mehr da. Vor ihrem inneren Auge zogen Bilder der Vergangenheit an ihr vorüber.

Wie Betsie für die Deutschen betete, während die Bomben fielen. Wie Betsie selbst in Baracke 28 eine wohlige Atmosphäre schuf. Wie Betsie betete: „Herr, nimm doch diesen Geist der Wut und der Angriffslust hinweg", während zwei Frauen miteinander stritten und sich anschrien, dann aber erstaunlicherweise ruhig wurden und ihren Streit beilegten. Wie Betsie, als sie auf der Krankenstation nach einer schlaflosen Nacht ständig von ihrer Nachbarin aus dem Bett gestoßen wurde, allen Ernstes sagte: „Corrie, im Leben dieses jungen Menschen ist so viel Finsternis.

Ich habe ihr gesagt, dass Jesus Sieger ist und ihr helfen kann."
Wie Betsie lächelnd auf die wogenden Menschenmassen in
Ravensbrück schaute und dabei sagte: „Ich fange an, diese Masse
zu lieben." Wie Betsie beim Sandschaufeln von den Aufseherinnen verächtlich und lächerlich gemacht wurde, weil sie nicht so
viel Erde bewegen konnte wie die andern, dann aber freundlich
antwortete: „Lassen Sie mich das Wenige tun, was ich tun kann.
Wenn Sie mich zwingen, mehr auf die Schaufel zu nehmen, dann
kann ich überhaupt nichts ausrichten." Wie Betsie ihre brutalen, sadistischen Krankenschwestern anschaute und sagte: „Man
hat sie das Hassen gelehrt, dann wird man sie auch mal lehren
können zu lieben." Wie Betsie mit großen leuchtenden Augen in
ihrem totenblassen Gesicht flüsterte: „Wir werden überall hingehen und den Menschen sagen, dass es keinen Ort auf der Erde
gibt, der so dunkel ist, dass Gottes Liebe nicht hineinleuchten
kann. Sie werden uns glauben, denn wir sind hier in Ravensbrück
gewesen." Betsie ... Betsie ... Betsie.

Corrie hörte plötzlich eine Stimme neben sich: „Nein, nein,
geh weg! Hier ist kein Platz mehr."

Sie sah sich um und merkte, dass diese Worte an eine Russin
gerichtet waren, die einen Schlafplatz suchte. Ihr Gesicht war
traurig und sorgenvoll. Corrie lud sie ein und die Frau kletterte
mit dankbarem Lächeln auf Betsies Pritsche. Corrie konnte kaum
Russisch, aber zwei Worte waren ihr bekannt.

„Jesos Christos?", sagte sie leise. Das Gesicht der Russin hellte
sich auf. Und sie schlang ihre Arme um die neue Freundin.

* * *

„Aufstehen! Zeit zum Appell!"

Es war noch nicht halb fünf am Sonntagmorgen, dem Tag nach
Betsies Tod. Corrie stand mühsam auf und ging in die Kälte
hinaus. Ihr Herz schlug etwas höher beim Anblick des rötlich
gefärbten Himmels, als die Sonne sich am Horizont hervorwag-

te. Sie stellte sich in Reih und Glied mit den andern auf, und die Zählerei ging wieder los.

„Es fehlt jemand!", schrie die Aufseherin und die ganze Prozedur fing noch einmal von vorne an. Die Stunden zogen sich dahin. Corrie und einigen andern Frauen wurde es allmählich schlecht.

„Vielen Dank, Vater, dass Betsie hier nicht mehr stundenlang in der Kälte stehen muss", betete sie.

Sechseinhalb Stunden hatten sie strammstehen müssen, bis schließlich das Kommando ertönte: „Weggetreten!"

Corrie stolperte in die Baracke und brach auf ihrem Strohsack zusammen.

„Haben Sie den fehlenden Häftling gefunden?", fragte sie die andern, die neben ihr saßen. Eine von ihnen antwortete grimmig: „O ja, sie haben sie entdeckt. Und der Grund, weshalb sie nicht zum Appell erschienen ist, war, dass sie tot auf ihrem Strohsack lag – und dafür werden wir bestraft!"

„Nummer 66730 ten Boom Cornelia, heraustreten!" Was wird jetzt wohl wieder los sein, fragte sich Corrie, als sie zu der Aufseherin ging. „Stellen Sie sich an die Seite!", wurde ihr befohlen. Sie gehorchte und der Appell begann. Drei Tage waren seit Betsies Tod verstrichen. Corrie konnte nicht verstehen, warum man sie wohl als Einzige aus der Reihe holte.

Sie schaute das junge Mädchen an, das neben ihr stand, und flüsterte: „Was meinst du, was sie mit mir vorhaben?"

„Todesstrafe", lautete die Antwort.

Corrie hatte keine Angst vor dem Sterben. Betsie wieder zu treffen, dazu ihren Vater und ihre Mutter und den Herrn, den sie liebten, das wäre für sie der Himmel! Aber vielleicht wäre dies auch die letzte Gelegenheit, mit der jungen Frau neben ihr zu sprechen.

„Ich bin Corrie", stellte sie sich leise vor. „Wie heißt du?"
„Tiny."

„Gott liebt dich, Tiny", ermutigte Corrie sie. „Er hat seinen Sohn gesandt, um für dich zu sterben, so dass du nach dem Tode einmal mit ihm im Himmel sein kannst. Du musst weiter nichts tun, als Jesus zu bitten, dass er in dein Leben tritt, dir die Sünden vergibt und dein Heiland und Führer wird. Willst du dies tun, Tiny?"

„Ja, das will ich."

Der Appell dauerte drei Stunden, und die ganze Zeit über sprachen Corrie und Tiny miteinander.

„Begebt euch in eure Arbeitsgruppen!", befahl der Aufseher. Der Appell war vorbei. Zu Corrie sagte er: „Folgen Sie mir!" Er führte sie in die Verwaltungsbaracke. Der Mann hinter dem Tisch schaute auf, als Corrie vor ihn hintrat.

„Entlassen", teilte er ihr mit. Dabei stempelte er eine Karte und reichte sie ihr hin.

Entlassen! Frei! Sie konnte es nicht begreifen.

„Sie werden zuerst zu einer medizinischen Untersuchung gehen", erklärte ihr der Aufseher. Er führte die kleine Gruppe von Gefangenen den Flur entlang. Corrie zog sich ihre Kleider aus und stand, wie schon so oft, vor dem Arzt. Er schaute mit einem kühlen, prüfenden Blick ihren abgemagerten, zitternden Körper an und blickte auch auf die Beine. Sie waren als Folge der langen Appelle schrecklich geschwollen.

„Ödeme", stellte er fest. „Baracke 9!"

Das war ein schrecklicher Schlag für sie. Gerade als sie begriff, dass sie freikommen sollte, wurden alle ihre Hoffnungen wieder zerschlagen. Jetzt könnte es Wochen oder Monate dauern, bis sie entlassen würde, wenn überhaupt. Die Nazis schickten nur Häftlinge aus dem Lager, wenn sie kräftig und gesund aussahen.

Sie wurde zur Baracke 9 gebracht, es war eine der Krankenstationen. Dort ließ man sie in einem Krankensaal zurück. Langsam ging sie durch den Raum und schaute in die Gesichter der Frauen, die dort lagen. Aber schon am Stöhnen und Schreien merkte sie, wohin sie geraten war. Auf beiden Seiten lagen Frauen, die furchtbare Schmerzen hatten. Wie sie später entdeckte, hatten einige von ihnen einen Bombenangriff überlebt, der einen Zug auf der Fahrt nach Ravensbrück getroffen hatte.

In der Mitte des Raums stand ein Tisch, auf dem eine Frau von Ärzten und Krankenschwestern behandelt wurde. Sie war bei vollem Bewusstsein und schrie laut, doch an ihren Gesichtern zeigte sich keine Anteilnahme oder Mitleid. Einige kräftige deutsche Frauen und auch andere, die den stöhnenden und schreienden Patienten hätten beistehen können, zeigten sich völlig unbeteiligt oder hasserfüllt.

Eine Schwerkranke stieß einen lang anhaltenden Schmerzensschrei aus, während ein Mädchen aus Deutschland noch ihren Spott damit trieb. Ihre Freunde brachen in ein höhnisches Gelächter aus. Auf einem der oberen Schlafstätten führten zwei Ungarinnen eine laute Unterhaltung. Auf ihren Gesichtern lag ein finsterer und böser Ausdruck. Plötzlich streckte eine von ihnen ihren Fuß hervor – er wies ein riesengroßes Brandgeschwür auf –, als ob sie den Neuankömmling infizieren wollte.

Corrie fand schließlich eine noch unbelegte Pritsche und sank schockiert und voller Entsetzen darauf nieder.

„Herr", betete sie, „schütze du mich und hilf mir! Ich dachte, ich hätte schon alles Schreckliche gesehen, aber dieser sogenannte Krankensaal ist eine Folterkammer. Die Schmerzen und all das Übel hier sind zu viel für mich. Wann wird das ein Ende nehmen?"

In der folgenden Nacht war nicht an Schlaf zu denken. Überall um sie herum stöhnten und schrien die Frauen. Andere riefen immer wieder dasselbe deutsche Wort. Corrie konnte es nicht verstehen, aber es war klar, dass die Frauen um etwas baten. Gab es denn niemanden, der ihnen hätte helfen können?

Oft vernahm sie, wie Patienten mühsam aus ihren Betten krochen, sich schwankend zur Toilette bewegten und dann wieder zurückkamen. Dreimal hörte sie einen betäubenden Schlag.

Am Morgen erfuhr sie, dass dies das Geräusch war, wenn Frauen von den oberen Bettstellen auf dem harten, kalten Fußboden zu Tode stürzten. Es waren Patientinnen, die versucht hatten, zur Toilette zu kommen.

„Das erinnert mich wieder an den Ausspruch meines Vaters",

dachte sie und betete: „Lieber Herr, ich kann dies nicht ertragen. Bitte, trag du es für mich."

Sie ging auf ein französisches Mädchen zu. „Was haben die Frauen ständig in der Nacht gerufen?", fragte sie.

„Bettpfannen!", antwortete das Mädchen. Corrie überlegte: „Das ist wenigstens ein Dienst, den ich verrichten kann."

Sie ging zu der Schlafstätte gegenüber, wo ein geistig behindertes Kind lag. Sein kleiner Körper war entstellt und zum Skelett abgemagert, aber sein Gesicht hatte einen lieblichen Ausdruck und war von weichen Locken umrahmt.

Corrie ergriff seine Hand und sagte: „Ich heiße Corrie. Wie heißt du?"

„Ölie", antwortete das Kind.

„Bist du krank, Ölie?", fragte Corrie.

Das Mädchen drehte sich herum und zog sein Hemd hoch, um seinen Rücken zu zeigen. Corrie war vom Entsetzen gepackt, als sie die Wunde sah, die nur spärlich mit Toilettenpapier abgedeckt war.

„Was muss dieses arme Geschöpf Schreckliches erlitten haben?", wurde ihr bewusst. Sie zog das Hemd vorsichtig wieder herunter und schaute lächelnd in die weit geöffneten Augen.

„Wie alt bist du, Ölie?"

„Fünfzehn."

„Jung nach Jahren, aber alt nach dem Leiden", dachte Corrie.

„Jesus hat dich so sehr geliebt, dass er für dich gestorben und wieder auferstanden ist. Und nun bereitet er für dich ein Haus im Himmel", tröstete sie das Mädchen. „Oh, du wirst den Himmel sehr schön finden, Ölie! Dort gibt es keine bösen Menschen, und du wirst auch keine Schmerzen mehr haben."

Es war fast so wie bei ihren „besonderen Kindern". Ölie nahm jedes Wort begierig in sich auf.

„Jetzt weiß ich, warum du mich zur Baracke 9 geschickt hast, Herr", sprach Corrie an diesem Abend in ihrem Gebet.

Jemand rief nach einer Bettpfanne und Corrie stand schnell auf, holte sie und schob sie der Frau unter. Die Patientin schaute ihr ins Gesicht, als ob sie gar nicht begreifen konnte, was geschah.

„Oh, du bist so gut!", flüsterte sie. „Ich wusste nicht, dass es hier überhaupt jemanden gibt, der gut ist." Corrie wartete eine Zeit lang, nahm die Bettpfanne und leerte sie aus.

Sie ging an einer der Gefangenen vorbei, die in dem Zug gesessen hatte, der von den Bomben getroffen worden war. Ihr Anblick versetzte ihr einen Schock. Die arme Frau hatte nur noch ein Bein und auch ein Teil ihres Rückens war von Bomben weggerissen worden. Vorsichtig hob Corrie ihren schmalen, verstümmelten Körper und brachte ihn in eine bessere Lage.

Die Tage schleppten sich dahin. Dann kam der 25. Dezember – Weihnachten! Corrie verbrachte ihre Zeit damit, den andern Patienten zu helfen und ihnen die Frohe Botschaft von Jesus zu sagen. Jeden Abend konnte sie Ölie etwas mehr über ihren Heiland und ihre Heimat im Himmel erzählen. Und in jeder Nacht leerte sie die Bettpfannen. In einer Nacht fehlten diese aber. „Ist das die Art, wie die deutschen Mädchen ihre Scherze machen?", fragte sich Corrie. Sie bat sie und auch die ungarischen Frauen, die Bettpfannen wieder herauszugeben, doch sie lachten nur.

Corrie lag wach und fühlte sich hilflos, als die Patienten immer wieder danach riefen. Dann sagte das französische Mädchen: „Sie haben sie unter ihren Decken versteckt." Corrie wusste, dass sie damit die beiden Frauen aus Ungarn meinte, deren Schlafstatt über ihr lag. Sie stand von ihrer Pritsche auf, um mit ihnen zu reden, als die Französin einen Schreckensschrei ausstieß. Schnell lief sie zu ihr hin und fragte: „Was ist denn los?" Das weinende Mädchen zeigte auf die Schlafstatt, wo die Frau mit dem vereiterten Fuß schlief, und sagte: „Sie hat mir ihren Verband ins Gesicht geschleudert!"

Corrie schaute auf und hörte ein hämisches Lachen. Etwas traf sie an der Backe.

„Der mit Eiter durchtränkte Verband", dachte sie und lief ärgerlich in den Waschraum, um ihr Gesicht gründlich zu reinigen.

„Ich kann doch jetzt nicht wieder hineingehen und die Bett-pfannen holen", überlegte sie. Doch sie bewies Mut und ging in den Krankensaal. Als die Ungarinnen sahen, wie sie auf sie zu-kam, schleuderten sie die Bettpfannen auf den Boden. Corrie hob sie auf und ging weiter ihrer Arbeit nach.

Sieben der längsten Tage und Nächte von Corries Leben ver-gingen auf diese Weise. Das Einzige, was ihr als Patientin erspart blieb, waren die Appelle. Stattdessen musste sie sich immer wie-der nackt für die ärztlichen Untersuchungen vorstellen.

So stand sie wieder einmal dem Arzt gegenüber. Ihr Herz fing an zu klopfen, als er ihre Beine untersuchte.

„Entlassen", war sein Kommentar. Sie konnte es kaum glau-ben. Sollte sie diesmal wirklich in die Freiheit gehen können? Sie war wie benommen, als sie Baracke 9 verließ und in den Schnee hinaustrat. Doch da holte sie die schreckliche Wirklichkeit von Ravensbrück wieder ein.

Auf dem kalten, schneebedeckten Erdboden lag der Leichnam eines jungen, hübschen Mädchens, einer kranken Gefangenen, die, wie so viele andere, vom Tod ereilt worden war, bevor sie die Krankenstation erreichen konnte. Es tat Corrie in der Seele weh, wenn sie an all das dachte, was sie wohl erlitten hatte.

Sie folgte der Aufseherin in einen Raum, wo Stapel von saube-ren Kleidern lagen. Freundliche Häftlinge halfen ihr beim An-ziehen von frischer Unterwäsche, einem Rock, einer Bluse. Sie erhielt auch Schuhe, Hut und Mantel. Dann übergab man ihr ein Paket, in der ihre und einige von Betsies Kleidern aus Scheveningen waren. Schließlich musste sie noch ein Schriftstück unterzeichnen, auf dem stand, dass sie niemals einen Unfall er-litten hatte, niemals krank gewesen und niemals schlecht behan-delt worden sei.

„Einmal wird auch mal Schluss sein mit all diesen Lügen und all dem Bösen." Damit tröstete sie sich, als sie das Schriftstück unterzeichnete.

Die kleine Gruppe von acht deutschen und zwei holländischen Frauen wurde an die Tore gebracht. Corrie war erstaunt, dass auch eine andere Holländerin entlassen worden war, denn sie sah sehr elend und krank aus. Ihr Name war Clare.

Es folgte noch eine kurze Wartezeit, bevor die schweren Eisentore geöffnet wurden. Da kam Mimi vorbei und flüsterte ihr zu: „Tiny ist tot."

„Scher dich fort!", rief die Wache ihr zu und befahl Corrie, sich zum Tor zu wenden. Sie gehorchte, doch dieser raue Ton konnte ihr die Freude darüber nicht verderben, dass sie wusste, Tiny war im Vertrauen auf Jesus in Gottes neue Welt eingegangen.

Schließlich öffneten sich die Tore und sie schritten in die Freiheit. In einem Büro hinter den Toren mussten sie noch einmal Halt machen, um ihre wenigen Habseligkeiten zu empfangen. Corrie erhielt ihr Geld, ihren Ring und ihre Uhr.

Dann begaben sie sich auf den Weg zum Bahnhof. Der Schnee knirschte unter ihren Füßen und eine wunderschöne Winterlandschaft umgab sie. Kindheitserinnerungen an Schlittschuhlaufen und Schneeballschlachten gingen Corrie durch den Sinn.

Sie waren beide bald außer Atem, als es vom Tal her bergauf ging. Clare war total erschöpft.

„Schaut euch an, wie die beiden Holländerinnen durch den Schnee stolpern", höhnten die jungen deutschen Frauen. „Wir Deutschen haben viel mehr Kraft als ihr."

„Wir sind noch nicht frei", kam es Corrie zum Bewusstsein. „Das Übel von Ravensbrück ist uns noch auf den Fersen, selbst in dieser wunderschönen Landschaft."

Man hatte einen herrlichen Blick auf die mit Schnee bedeckten Seen und Bäume. Die Tannen zur Linken sahen aus, wie wenn sie auf eine Weihnachtskarte gemalt wären, aber unter ihren Zweigen standen in langen Reihen die Frauen in ihrer Häftlingskleidung und wurden von den Aufsehern vorwärts getrieben.

„Das sind die Mädchen vom Arbeitslager", dachte Corrie und hatte tiefes Mitgefühl mit ihnen. Sie mussten Schwerstarbeit leisten: Holz hacken, Kohlen schleppen und Straßen bauen.

Dann erreichten sie den Bahnhof, und die Wachen ließen sie

allein zurück. Corrie kam sich hilflos und verwirrt vor. Wie könnte sie es möglich machen, mit ihrer kranken Gefährtin durch Deutschland wieder zurück nach Holland zu kommen?

Irgendwie waren sie am Neujahrstag in Berlin. Die Spuren des Krieges zeigten sich überall in der einst so schönen Stadt. Dann kam das stundenlange Warten auf die Züge, die Suche nach dem richtigen Bahnsteig und das endlos lange Reisen. Deutschland war zu einer Trümmerstätte geworden. Vor lauter Müdigkeit, Schwäche und Hunger nahm es Corrie gar nicht richtig wahr, wie trostlos alles aussah. Ihre Brotration war verschwunden. Entweder hatte man sie ihr gestohlen oder sie war aus ihrem Beutel gefallen. So musste sie um Essen betteln, aber die Menschen waren hartherzig und argwöhnisch.

Schließlich fand sich auf dem Bahnhof einer Kleinstadt eine Schwester vom Roten Kreuz, die ihr verbotenerweise einen Teller Eintopf gab, der eigentlich für einen Soldaten bestimmt war. Sie bat sie, die Suppe möglichst schnell zu essen. Später auf einem größeren Bahnhof traf sie einen freundlichen Bahnbeamten, der dafür sorgte, dass sie und Clare bei netten Menschen etwas zu essen bekamen.

Corrie dankte Gott für solch freundliche Menschen, die ein Herz für Elende hatten.

„Was man hier Menschen antut, ist viel schlimmer als all der Schaden, der in den Städten angerichtet wurde", ging es ihr durch den Sinn.

„O Clare, jetzt kommen wir über die Grenze. Endlich sind wir in Holland!", rief Corrie. Ihre blasse Begleiterin lächelte ein wenig, und Corrie fuhr fort: „Hier in unserm geliebten Land wird sicher alles ganz anders sein!"

# 13. Die Heimkehr

Der Zug hielt in Groningen, einer kleinen Stadt in Holland. Die beiden Elendsgestalten stiegen aus und machten sich auf den Weg ins Krankenhaus.

Corrie klingelte. Die Tür wurde geöffnet und eine Schwester stand vor ihnen. Ein Blick genügte und Corrie wusste, dass nun alles gut werden würde. Hier war ein Mensch, der zum Helfen bereit war.

„Kommen Sie herein", bat die Schwester sie freundlich ins Haus.

Corrie genoss ein heißes Bad. Dann klopfte es an der Tür und eine Stimme rief: „Sind Sie fertig?"

Corrie antwortete: „Nur noch ein paar Minuten, Truus, es ist zu schön hier in der Wanne." Sie vernahm ein Lachen und die Schwester antwortete: „Das ist in Ordnung."

Corrie musste einfach immer wieder das Badezimmer betrachten. Es war so sauber und schön und verbreitete einen so frischen Duft. O, es war herrlich, wieder in Holland unter lieben Menschen zu sein. Sie wusste, dass Clare jetzt zwischen sauberem Bettzeug lag und die so dringend nötige Behandlung erfuhr.

Sie schaute an ihrem Körper herunter. Er war noch mit Flohstichen übersät, aber der Schmutz war verschwunden. Innerlich und äußerlich fühlte sie sich wohl.

„Eine saubere Haut und ein gesättigter Magen – ist das eine Wohltat!", dachte sie.

Sie legte sich wieder hin und genoss in Gedanken noch einmal das Mahl, das sie eben zu sich genommen hatte: Kartoffeln, Rosenkohl, Fleisch und Soße, alles bestens zubereitet und warm, dazu noch Pudding und einen Apfel. In Ravensbrück hatte sie einmal zu Betsie gesagt: „Wir müssen sehr aufpassen, was wir zuerst essen, wenn wir mal aus diesem Hungerlager herauskommen." Doch Betsie hatte geantwortet: „Nein, Corrie, wir werden alles essen können, was wir möchten. Gott wird es schon gutmachen." Und ihre Schwester hatte Recht behalten.

„Stell dir vor, eine der Krankenschwestern war eine Jugendleiterin, die ich von früher her noch kenne. Die gute Truus Benes! Es überrascht mich gar nicht, dass sie mich zuerst nicht erkannt hat", dachte Corrie. Mit einem Lächeln stellte sie sich vor, wie sie in ihrem dünnen Haar und ihrer ungepflegten Erscheinung aussah.

Mit einem Seufzer stieg sie aus dem Bad, wickelte sich in ein weiches, sauberes Handtuch und rief: „Ich bin fertig!"

Truus und einige andere Schwestern halfen ihr, die Kleider anzuziehen, die sie in der Eile hatten auftreiben können. Vorsichtig und mit viel Liebe staffierten sie sie aus. Sie fanden sogar Haarnadeln. Corrie ließ sich das alles gern gefallen und lachte laut vor Vergnügen.

Truus führte sie in ein Zimmer mit wunderschönen Vorhängen und tapezierten Wänden. An einer Seite stand ein Bett, ein wirkliches Bett mit sauberer Bettwäsche, flauschigen Decken und weichen Kissen. Daneben stand ein Regal mit einer Reihe von Büchern.

Corrie stand still und versuchte, alles zu begreifen. So viele Wohltaten auf einmal – sie war überwältigt.

Truus führte sie freundlich zum Bett: „Nun ruh dich erst mal aus. Das ist es, was du jetzt brauchst." Sie half Corrie die Schuhe auszuziehen und sich vor allem zu legen. Dann steckte sie ihr ein weiches Kissen unter ihre geschwollenen Füße und deckte sie mit einer leichten Decke zu.

„Wenn du irgendetwas brauchst, dann lass es mich wissen", sagte sie noch, ehe sie ging.

Als Corrie allein in ihrem Zimmer war, lag sie still da und ließ ihren Freudentränen freien Lauf.

Sie war zu aufgeregt, um schlafen zu können. Es gab so viel Schönes zu sehen. Und dann konnte sie wohltönende Laute hören: das Lachen von Kindern, das Läuten von Glocken in der Ferne, eine Frau, die schöne Melodien sang. Die Musik von Bach aus einem Radio in der Nähe ... Jetzt konnte sie es wirklich glauben, dass sie frei war.

Aber der Krieg war noch nicht zu Ende. In Ravensbrück wurden eine Woche nach Corries Befreiung alle Frauen in ihrem Alter getötet, und man hatte herausgefunden, dass die Gefangene mit der Nummer 66730 nur durch einen Irrtum in den Listen, einem Schreibfehler also, entlassen wurde. Aber dies wusste Corrie noch nicht. Sie blieb zehn Tage im Krankenhaus und träumte davon, ihre Familie bald sehen zu können.

„Wir tun unser Bestes, um für Sie eine Fahrmöglichkeit nach Hilversum zu arrangieren", teilte ihr der Krankenhausseelsorger mit, „aber es wird nicht einfach sein. Sie wissen ja, dass es nur wenigen Menschen in dieser Zeit gestattet ist, ein Privatfahrzeug zu besitzen."

„Ja, ich verstehe dies", meinte Corrie. „Ich bin Ihnen auch so dankbar für alles, was Sie für mich tun." Sie hatte an Willem schon eine Nachricht übermitteln können und ihm ihre Entlassung aus dem Gefängnis und Betsies Tod mitgeteilt, aber doch sehnte sie sich, ihm persönlich zu begegnen und ihn mit all ihren Lieben in die Arme zu schließen.

„Corrie, wir haben eine Fahrgelegenheit für dich finden können", berichtete ihr eines Tages freudestrahlend Truus. „Heute Abend kannst du mit einem Auto, das Nahrungsmittel transportiert, mitgenommen werden. Natürlich ohne Scheinwerferbeleuchtung, denn diese Fahrt ist illegal."

Es war eine aufregende Fahrt durch die Nacht. Dann aber durfte sie Willem und Tine in ihrem Haus in die Arme schließen. Lange hielten sie sich umschlungen, und das Küssen wollte kein Ende nehmen.

„So viel Freude, ich kann es kaum aushalten. Mein Herz muss fast zerspringen", dachte Corrie. Sie war von Nichten und Neffen umringt, und Willem und Tine standen ganz dicht in ihrer Nähe.

Dann aber bemerkte sie voller Erschrecken, dass Willem sehr krank aussah. Sie nahm seine Hände in die ihren und schaute ihn liebevoll an. Sie wagte es nicht, nach dem Verlust seines Sohnes zu fragen, obwohl sie es schon ahnte.

„Nein Corrie, wir haben bis jetzt noch keine Nachricht von Kik erhalten", ging ihr Bruder auf ihre ungestellte Frage ein. Ein Schatten fiel bei diesen Worten auf die Anwesenden im Zimmer und bedrückte sie.

„Corrie, du kannst, so lange du willst, bei uns hier bleiben", bot ihr Willem an, „aber ich weiß, du wirst wohl gerne wieder zu einem kleinen ganz bestimmten Haus in Haarlem zurückkehren."

„Und zu einer gewissen großen Schwester und ihrem Mann und ihrer Familie", fügte Corrie hinzu.

„Ja, ich habe schon eine Reisemöglichkeit für dich organisiert", teilte ihr der Bruder mit.

„Ich habe eine begrenzte Fahrerlaubnis, und so ist es mir möglich, dich bis zu einer bestimmten Stelle zu bringen. Dann wird dich Pickwick übernehmen."

Pickwick war ein alter Freund der Familie und auch ein Leiter in der Untergrundbewegung. Corrie war ganz versessen darauf, ihn wieder zu sehen und mit ihm während der Autofahrt über Geschehnisse aus vergangenen Tagen reden zu können.

Schließlich hatten sie Haarlem erreicht. Corrie lehnte sich aus dem Fenster, um zuerst den Fluss und die Brücken, den Markt und St. Bavo, die vertrauten Straßen und Läden zu erblicken.

„O Pickwick, dort ist mein kleines Heim!", rief sie, als sie das Eckhaus und den Uhrenladen erblickte. „Ich danke dir, ich danke dir so sehr!"

Sie stieg aus dem Auto und eilte zur Eingangstür. Es war ein Jahr her, dass sie diesen Ort hatte verlassen müssen? Ihr kam aber alles wie eine Ewigkeit vor.

Nollie und ihre Töchter warteten schon sehnsüchtig, sie willkommen zu heißen. Es folgte ein herzliches Wiedersehen.

„Wir haben das Haus vom Boden bis zum Keller blank geputzt", erzählten ihr stolz die Nichten.

„Ihr seid prachtvolle Mädchen! Danke, vielen Dank!", freute sich Corrie.

„Einige Flüchtlingsfamilien haben während deiner Abwesenheit hier gewohnt", erklärte Nollie, „aber nun gehört dir wieder alles. Komm und schau es dir an. Ich weiß, du bist ganz erpicht darauf."

Nollie hatte Recht. Corrie wollte alles sehen und mit ihren Händen berühren. Erinnerungen kamen ihr in den Sinn, als sie jedes Zimmer betrat. Der Anblick von Vaters Sessel verursachte ihr Pein. Behutsam glitten ihre Finger über das Holz. Dann ging sie zum Klavier, zu den Bildern und zu den Regalen.

„Es tut mir Leid, die Katze ist weggelaufen und nicht mehr zurückgekehrt", erzählte Nollie. „Die Nazis haben auch deine Schreibmaschine, einige Teppiche und Bücher gestohlen."

Sie gingen in die Werkstatt. „Wir haben versucht, die Arbeit weiterzuführen", erklärte Nollie, „aber jetzt wartet dein Platz auf dich, er ist leer." Corrie ging mit Tränen in den Augen an ihre Werkbank.

\* \* \*

Corrie reparierte wieder mit einigen Gesellen Uhren. Diese Männer waren noch von ihrem Vater ausgebildet worden.

Das war eine glückliche Zeit für sie. Gewiss, der Krieg war noch nicht vorüber, das Wetter auch noch bitterkalt, Nahrungsmittel und auch andere lebenswichtigen Dinge waren knapp, aber sie war wieder zu Hause und von Freunden und lieben Menschen umgeben. Das Leben ging weiter. Corrie arbeitete im Haus und im Laden, sie sammelte wieder Kinder und junge Menschen um sich und lehrte sie das Evangelium. Auf kirchlichen Veranstaltungen war sie eine beliebte Rednerin.

Sie hatte auch nicht den schwachsinnigen Thys, Hank Ölie und all die andern vergessen. Ihr Haus war wieder eine Zufluchtstätte für Kinder, die über Jahre in Bodenkammern, ja sogar in Schränken versteckt gehalten wurden. In der Öffentlichkeit konnten sie sich noch immer nicht zeigen, aber Corrie gab ihnen Liebe, Fürsorge und Geborgenheit.

Sie verfolgte die Kriegsereignisse, so gut sie es vermochte. Der sonst so kalte und unfreundliche Februar schien sich freundlicher zu geben. Britische und amerikanische Truppen hatten Hitlers Offensive gestoppt und drangen nun vom Norden her Richtung Süden, während die Rote Armee Deutschland von Polen her eroberte.

Im März hörte Corrie die aufregende Nachricht, dass die Amerikaner den Rhein erreicht hätten und nun eine Stadt nach der andern besetzten. Im April wurde bekannt, dass die Russen in Berlin angelangt waren, nur noch wenige Straßen vom Bunker entfernt, in dem sich Hitler verschanzt hatte. Es war ganz offensichtlich, dass er alles bis auf ein paar Getreue verloren hatte. Sein Hass und seine Wut aber dauerten immer noch an. Dann ging die Nachricht um, Hitler habe sich erschossen. Corrie war erleichtert, aber nicht überrascht, als es dann eine Woche später hieß, dass sein Nachfolger kapituliert habe.

Der Zweite Weltkrieg war zu Ende. Die Straßen Haarlems waren von Menschen überfüllt, die Flaggen trugen und die Nationalhymne sangen. Corrie stand am Marktplatz mitten unter ihnen. Sie war wie jeder andere glücklich.

Vor der Stadthalle ereignete sich irgendetwas, das konnte sie klar erkennen. Ein junges Mädchen wurde von einigen Leuten die Treppen hochgeschleift. Im nächsten Augenblick hatte einer von ihnen ihr die Haare abgeschnitten, während die Menschenmenge grölte. Ein anderer war mit einer Kanne Farbe – sie war orange – nach vorne gekommen und überschüttete sie damit.

Corrie musste sich abwenden. Traurig bahnte sie sich einen Weg durch die Menschenmenge nach Hause.

„Wahrscheinlich hat das junge Mädchen mit den Deutschen zusammengearbeitet und ihr eigenes Land verraten", dachte sie, „aber Böses mit Bösem zu vergelten, ist nicht Jesu Art!"

Langsam ging sie durch die Straßen und überlegte: „Der Krieg ist nun zu Ende, aber das Übel, das ihn verursacht hat, beherrscht noch immer viele Menschen. Überall tritt es ganz offensichtlich zu Tage." Corrie musste an die zerbombten Städte und zerstörten Landschaften denken, an die Millionen Menschen, die im

Krieg gefallen sind, und an die noch größere Zahl, die in Konzentrationslagern ermordet wurden. Sie wurde an die Überlebenden erinnert, die die Folgen des Krieges zu tragen hatten, die ihre Heimat, ihr Hab und Gut und ihre Lieben verloren hatten oder die verwundet und zu Krüppeln geschlagen wurden sowohl an Leib und Seele.

Es war gut, dass sie wieder zu Hause war. Sie ging in ihr Zimmer, musste zur Stille finden und erst mal beten.

\* \* \*

Corrie hatte auf einer Veranstaltung am Stadtrand von Haarlem einen Vortrag gehalten und fuhr nun wieder mit dem Fahrrad nach Hause. Immer öfter erhielt sie Einladungen und konnte den Menschen erzählen, was sie und Betsie im Gefängnis und im Konzentrationslager erduldet hatten. Auch heute wieder hatten die Menschen ihr aufmerksam zugehört.

Es war nun Frühling. Die Landschaft war nicht so prachtvoll, wie sie um diese Zeit vor dem Krieg gewesen war. Viele herrliche Bäume waren gefällt und als Brennholz verwendet worden. Felder, die früher sonst in voller Blüte gestanden hatten, waren kahl und lagen brach, weil die holländische Bevölkerung ihre Blumenzwiebeln hatte essen müssen. Und doch sah man hier und da kleine Flecken und Gärtchen, die noch unversehrt geblieben waren. Lieblich und schön waren sie anzuschauen.

Corrie hielt inne und bewunderte einige Pappeln und eine Windmühle, die ihre Flügel gegen den lichten Himmel streckte. Vor ihr lag eine große Wiese. Sie war von einem Teich umgeben, auf dem kleine Entlein und Wasserhühner schwammen und tauchten.

„Es war früher, noch vor dem Krieg", dachte sie, „als auf dieser Wiese prachtvolle Kühe grasten."

Sie fuhr weiter und trat in die Pedale. Bald würde sie zu Hause sein. Irgendwie machte sie dieser Gedanke nicht gerade glücklich.

„Was ist nur mit mir los?", wunderte sie sich. „Ich liebe doch mein Zuhause. Warum ist eine solche Unruhe in mir, wenn ich in meinen eigenen vier Wänden bin?" Sie vermisste die Kinder. Aber daran lag es nicht allein.

Holland, wie auch andere Länder, die vom Krieg zerstört waren, hatte sich eine große Aufgabe zum Ziel gesetzt, um zur Normalität zurückzufinden. Der Schutt musste weggeräumt werden, die Schulen, Fabriken, Läden und Büros wieder aufgebaut und eröffnet werden. Als die Schulen für Behinderte wieder ihre Türen aufmachten, waren die Kinder zu ihnen zurückgekehrt. Sie lebten und lernten dort. Gut wurde für sie in jeder Weise gesorgt.

Corrie war glücklich, dass es den Kindern an nichts fehlte, aber sie vermisste ihre Liebe und ihr Vertrauen. Sie hatte aber noch ihre Familie, ihre Freunde und ihre Arbeit.

Und doch! Hatte sie Scheveningen, Vught und Ravensbrück durchlitten, nur um wieder zurück in ihr altes Leben zu gehen?

Sicherlich nicht!

# 14. Missionarin für die ganze Welt

Corrie war frei. Frei, um zu arbeiten und auch um Freunde zu besuchen. Frei, um am Ufer der Sparne zu stehen und die Störche zu betrachten, frei, um an den Sanddünen entlangzugehen und dem majestätischen Rauschen des Meeres zu lauschen, frei, um in der alten Kathedrale von St. Bavo den Gottesdienst zu besuchen, frei, um zu reisen und in öffentlichen Versammlungen zu sprechen.

Aber sie war nicht frei von ihren Erinnerungen. Oft, wenn sie in ihrem sauberen, herrlichen Bett lag, durchzogen Bilder ihr Gedächtnis. Mitunter riefen sie tiefe Traurigkeit und sogar Tränen hervor.

Da war der Vater, der im Gang eines Gefängnisses starb. Da waren die Mädchen hinter den Mauern des Arbeitslagers, wo man so oft die Schläge und die Schreie von den Ausgepeitschten hören konnte. Da waren die Frauen, die man dazu verurteilt hatte, furchtbare medizinische Experimente über sich ergehen zu lassen, wie sie in den Baracken saßen und warteten. Sie dachte daran, wie sie selbst und Betsie sich nackt den ärztlichen Untersuchungen stellen mussten, obwohl das Ausziehen gar nicht unbedingt nötig gewesen wäre. Da war der halbtote Zombie, der gerade aus dem Strafbunker entlassen worden war, in den man ihn tagelang ohne Nahrung, Wasser, Licht und Bewegungsfreiheit eingesperrt hatte. Da waren die Menschen, die vor den Krankenbaracken tot auf der Erde lagen. Da war ein Kind, eine Kranke, ein alter Mensch, die man schrecklich misshandelt hatte. Da waren die Schläge, die Erschießungen und die Lastwagen voller Leichen.

Aber es gab auch andere Erinnerungen. Leutnant Rahms und einige Offiziere und Aufseherinnen, die sich menschlich um die Gefangenen kümmerten. Mien, Maryke, Mimi und Dutzende anderer, die immer wieder ihre Liebe zeigten, hilfsbereit und hoffnungsfroh waren. Tiny, Marie, Willy, Diet und so viele andere, deren Leben verändert wurde, als sie sich Jesus zuwandten und das Licht seiner Liebe sie erfüllte, so dass Baracke 28 bekannt wurde als „jener verrückte Ort, wo die Menschen noch Hoffnung haben". Sie dachte an die Gebetsstunden, das Bibellesen, den Gesang und die Gottesdienste, als der Herr ihnen wirklich nahe war, dass sie mit Frieden und sogar mit Freude erfüllt wurden. Auch standen ihr die Wunder vor Augen, die zusätzlich bewiesen, dass Gott für sie sorgte, als sie eine Bibel und Unterwäsche bekam, die die Aufseherinnen nicht entdeckten, und dann die Vitamintropfen für Betsie. Deren Leben war jeden Tag wieder ein Wunder, bis schließlich zuletzt ihr Gesicht noch einmal in voller Schönheit im Tod aufleuchtete. Das war eine Erinnerung, die sie neben so vielen andern wie einen Schatz mit sich trug.

Plötzlich erkannte Corrie, warum sie in solcher Unruhe war. Natürlich, Gott rief sie, dass sie die Arbeit vollbrachte, über die sie und Betsie gesprochen und gebetet und von der sie in Ravensbrück geträumt hatte. Es ging darum, für Menschen, die unter dem Krieg gelitten hatten, eine neue, schöne Heimat zu schaffen und überall die Botschaft auszubreiten, die Gott ihnen anvertraut hatte.

\* \* \*

Corrie stand vor einem wunderbaren Häuserkomplex in einer schönen Umgebung in Bloemendaal. Es war an einem herrlichen Junitag und ihr Herz war voller Freude. Betsies Vision war zur Wirklichkeit geworden. Das Haus mit den 56 Zimmern hinter ihr war ihr zu einem vertretbaren Preis angeboten worden, und zwar von einer Frau, die eine Ansprache von ihr gehört hatte. Gott hatte das Geld kommen lassen und auch hilfswillige Menschen geschickt, die es bewirtschafteten. Nun füllte es sich mit Überlebenden aus dem Konzentrationslager und anderen, die in irgendeiner Weise unter dem Krieg gelitten hatten.

Sie war begeistert, als sie sah, dass bereits einige von ihnen schon an Leib und Seele gesundeten, als sie ihre Herzen der Liebe Gottes öffneten und anfingen, ein normales Leben zu führen.

Sie beobachtete, wie einige der Insassen an einem Blumenbeet arbeiteten. Betsie war immer der Meinung gewesen, dass man durch das Züchten von Blumen wieder zur Normalität des Lebens zurückfinden könnte. „Wie Recht sie doch hatte!", dachte Corrie. Und wenn sie dieses schöne Haus mit seiner wunderbaren Holzvertäfelung betrachtete, führte sie sich vor Augen, wie genau Betsie es so beschrieben hatte.

„Wenn Betsie nur bei mir wäre! Sie war überzeugt, dass wir nach dem Krieg gemeinsam arbeiten könnten", überlegte sie.

Plötzlich kam es ihr zum Bewusstsein, dass sie in einer gewissen Weise wirklich zusammenarbeiteten. Betsies Worte und der Einfluss, der von ihr ausgegangen war, inspirierten sie die ganze Zeit hindurch.

Eine Krankenschwester kam heraus und sagte: „Oh, da sind Sie ja, Corrie. Ich hätte gerne etwas mit Ihnen besprochen."

„Hallo, Ellen", antwortete Corrie mit einem Lächeln im Gesicht. „Stimmt etwas nicht?"

„Nun, es handelt sich um einen Patienten. Er wandert die ganze Nacht hin und her. Meinen Sie ...?"

„Nein, Ellen", unterbrach Corrie sie freundlich, aber bestimmt. „Nur keine strengen Befehle und unsinnige Verbote. Diesen Menschen muss man Zeit und Raum gewähren, damit sie ihre inneren Verletzungen auf ihre Weise aufarbeiten können. Bitte, haben Sie Geduld mit ihnen, auch wenn sie sich noch so absonderlich verhalten."

„Ich verstehe", lenkte die Schwester ein und ging wieder ins Haus. Corrie folgte ihr und bemerkte wie beiläufig: „Ich musste mal ein paar Augenblicke in der Sonne sein, aber jetzt mache ich mich lieber wieder an meine Arbeit. Haben Sie gehört, was wir als Nächstes planen?"

Die Schwester schüttelte den Kopf. Dann gingen die beiden die breite Treppe hinauf, wobei Corrie ihr mitteilte: „Ich möchte mein Haus für ehemalige holländische Nazis öffnen."

Die junge Frau schluckte und Corrie fuhr fort: „Ja, ich begreife, damit mache ich mich nicht beliebt, aber ich weiß, dass es richtig ist. Menschen, die ihre eigenen Landsleute verraten haben, haben genauso Liebe nötig wie unsere Freunde hier. Außerdem müssen die Menschen in Bloemendaal lernen, dass sie nicht nur den Deutschen, sondern auch ihren holländischen Landsleuten vergeben, was sie Übles getan haben."

„Es wird nicht leicht für sie sein", wandte Ellen ein.

„Nein, bestimmt nicht", räumte Corrie ein. „Aber Betsie und ich haben im Lager so klar erkannt, dass die Vergebung unsern Feinden gegenüber der Weg ist, wie wir wieder zum Frieden und zur Freude kommen, und dass Gott uns die Kraft dazu gibt, wenn wir ihm und seiner Liebe unser Leben öffnen."

„Nun, ich hoffe, es gelingt alles", erwiderte Ellen. „Gehen Sie bald wieder auf Reisen?"

„Ja", meinte Corrie. „Und ich bin schon ganz aufgeregt. In meinem Alter in der Welt herumzufahren, ist schon eine seltsame Sache, aber was Gott uns in Ravensbrück gelehrt hat, das muss überall in der Welt verkündigt werden, wenn Gott mir die Kraft dazu gibt."

\* \* \*

In einem Hotelzimmer in Amerika war Corrie dabei, ihren Koffer auszupacken. Fast zehn Monate lang war sie durch das Land gereist und hatte in kleinen und großen Versammlungen von dem gesprochen, was ihr von Gott aufs Herz gelegt worden war. Sie stellte auch ihre Arbeit vor, die sie mit Gottes Hilfe in Holland angefangen hatte.

Aufmerksam hatten die Menschen zugehört und waren bereit, durch ihre Gebete und ihre Opfer mitzuhelfen.

„Der Herr hat mich Schritt für Schritt geführt. Es war eine wunderbare Zeit", dachte Corrie, „aber ich habe Heimweh nach Holland. Vielleicht könnte ich nach einem kurzen Aufenthalt zu

Hause dann die andern europäischen Länder bereisen – nur nicht Deutschland."

Sie zog ihre Kleider aus und legte sich zu Bett.

Als sie in ihren Kissen lag und gerade schon kurz vor dem Einschlafen war, fiel ihr etwas ein, was Betsie einmal gesagt hatte.

„Corrie, nach dem Krieg müssen wir die Liebe Jesu den Deutschen bringen", hatte sie ihr zugeflüstert. „Es gibt viele Konzentrationslager in Deutschland. Ich habe den Herrn darum gebeten, er möge uns eines davon geben, damit wir daraus eine Heimstätte machen, wo die Deutschen wieder zu lieben lernen."

Corrie kamen die Tränen in die Augen, als sie im Geiste wieder die gebrechliche Gestalt Betsies unter der dünnen Gefängnisdecke liegen sah und dabei ihre Stimme hörte, die voll Hoffnung und innerem Eifer war.

„Ja, Herr, wenn du willst, dass ich nach Deutschland gehe, dann will ich es auch in deiner Kraft tun", betete sie.

\* \* \*

Corrie war wieder in einem Konzentrationslager. Diesmal war es Darmstadt, nicht Ravensbrück. Aber jetzt gab es dort keine Betonmauern und auch keine Stacheldrahtrollen. Und überall waren Blumenbeete angelegt. Die Baracken standen noch, aber sie waren nicht mehr aschgrau, sondern in hellen Farben gestrichen und vor den Fenstern standen Blumenkästen. Wieder war eine von Betsies Visionen Wirklichkeit geworden. Darmstadt in Deutschland war jetzt zu einer Heimat für bedürftige, heimatlose und Hilfe suchende Menschen geworden.

Corrie verbrachte viele Stunden dort. An diesem Tag ging sie von Zimmer zu Zimmer, um die niedergeschlagenen und traurigen Bewohner näher kennenzulernen.

In einem kleinen Raum lebte ein Deutscher, der vor dem Krieg Rechtsanwalt war. Nun saß er den ganzen Tag im Rollstuhl und starrte stumpfsinnig vor sich hin.

Corrie setzte sich ihm gegenüber und erkannte sofort, was seine Genesung hinderte.

„Es gibt nur einen Weg, wie man mit der Verbitterung fertig wird. Man muss sie ablegen!", sagte sie ganz schlicht, aber ohne alle Härte.

Er aber schaute sie mit einem kalten Blick an.

„Wie können Sie das wissen?", fragte er mit verbissenem Ton.

„Während des Krieges hat ein Holländer mich und meine ganze Familie verraten, dazu noch einige unserer Freunde", begann sie ein Gespräch. „Wir wurden verhaftet und ins Gefängnis gesteckt. Nach zehn Tagen starb mein Vater. Meine Schwester und ich wurden ins Konzentrationslager geschickt.

Mein Herz war mit Hass auf den Mann erfüllt, der an diesem schrecklichen Leiden schuldig war. In mir entbrannte ein furchtbarer Kampf, aber schließlich gab ich meinen Hass und meine Bitterkeit auf, und Gott erfüllte mich mit seiner Liebe. Ich habe diesem Verräter vergeben. Durch ihn kamen meine Schwester und ich nach Ravensbrück. Wir haben schrecklich gelitten, und meine Schwester ist dort verstorben. Nach dem Krieg hörte ich, dass Jan Vogel zum Tode verurteilt worden war. Ich schrieb ihm und teilte ihm mit, dass ich ihm vergeben habe und dass Gott ihm auch vergeben würde und ihm neues Leben und Hoffnung schenken könnte, wenn er sich ihm zuwendet. Das hat er dann auch getan."

Als Corrie aufgehört hatte zu reden, schaute der Mann sie mit einem ganz anderen Gesichtsausdruck an.

„Ich muss nachdenken über das, was Sie mir eben erzählt haben", antwortete er nun ganz ruhig.

\* \* \*

Corrie bereiste ganz Deutschland, hielt Vorträge und führte seelsorgerliche Gespräche. Sie entdeckte, dass die Menschen total anders geworden waren. Die hochmütigen, stolzen Soldaten mit ihren sturen Köpfen, harten Stiefeln und steinernen Herzen waren aus dem Straßenbild verschwunden. Sie waren in Ungnade gefallen. Viele von ihnen saßen in Gefangenenlagern.

Sie erfuhr, dass sich Leutnant Rahms jetzt in einem Internierungslager befand. Sofort setzte sie sich hin und schrieb an die Verantwortlichen dieses Lagers, wie viel Gutes er ihrer Familie erwiesen habe, und bat darum, ihn freizulassen.

„Wenn ich die Erlaubnis erhalte, werde ich ihn und seine Familie in unserm Haus in Holland aufnehmen", fügte sie noch hinzu.

Ihre Bitte wurde nicht erhört.

„Der arme Hans Rahms!", dachte sie. „Er hat alles versucht, um gerecht und freundlich zu sein, aber nun stellt man ihn mit den Leuten auf die gleiche Stufe, die im Verlauf der Naziherrschaft schreckliche Verbrechen begangen haben."

Es wurde ihr bewusst, dass einige von diesen doch sehr leiden würden, wenn sie zum ersten Mal klar erkannten, welch furchtbare Verbrechen sie in ihrer blinden Hörigkeit gegenüber Hitler begangen hatten.

Die Deutschen aber, die sie bereitwillig aufnahmen und ihr zuhörten, haben auch unter der verbrecherischen Haltung der Nazis gelitten. Das wusste sie. Als die Wahrheit über die Konzentrationslager ans Licht kam und scheußliche Untaten bekannt wurden, waren die meisten von ihnen genauso gelähmt vor Entsetzen wie die übrige Welt. Die Tatsachen übertrafen noch die schlimmsten Gerüchte. Allein in Ravensbrück starben 96 000 Frauen, und das war nur ein Lager. Daneben gab es noch Belsen, Buchenwald, Dachau, Belsek, Chelmno, Treblinka und Auschwitz, wo man in den vergangenen vier Jahren täglich sechstausend Juden in die Gaskammern gesteckt und langsam und schmerzvoll zu Tode gebracht hatte. Im Verlauf des Krieges waren mindestens sechs Millionen europäische Juden von den Nazis umgebracht worden.

„Kein Wunder, dass so viele Deutsche schockiert und verzweifelt sind!", dachte Corrie, wenn sie zu Fuß oder mit einem Auto durch die zerbombten, brandgeschwärzten Städte kam.

München war eine von diesen Städten.

Corrie sprach dort vor einer großen Versammlung und brachte die Botschaft von der Hoffnung, die Gott ihr aufs Herz gelegt hatte für das deutsche Volk und für alle andern.

„Vergebung ist das, was wir alle nötig haben und auch andern gewähren müssen. Jesus kann uns helfen, dass wir unsern Feinden vergeben, ja, dass wir sie sogar lieb haben", betonte sie.

Hinterher stand sie an der Saaltür, um den Leuten zum Abschied die Hand zu drücken.

Ein Mann trat auf sie zu.

„Ich danke Ihnen für Ihre Botschaft", sagte er. „Ich habe Jesus in mein Leben aufgenommen."

Corrie wurde plötzlich ganz starr. Sie sah sich plötzlich nach Ravensbrück zurückversetzt, wie sie und Betsie dort nackt vor einem Wachposten stehen mussten, der sie mit hartem hämischen Blick anschaute.

Dieser Mann stand nun vor ihr.

Und nun kam es von seinen Lippen: „Ich war einst Aufseher in Ravensbrück. Sie sagten, dass auch Sie dort eine Zeit lang waren. Gott hat mir das Schreckliche vergeben, was ich getan habe, aber ich muss auch Sie, Fräulein ten Boom, um Vergebung bitten."

Er streckte seine Hand aus. Corrie stand wie versteinert da. Diesem Mann nach all dem Elend, das er Betsie und Tausenden andern zugefügt hatte, sollte sie nun die Hand geben? Das war unmöglich!

Aber sie hatte doch verkündigt, dass man auch den Feinden vergeben sollte. Das war auch in dieser Versammlung ihre Botschaft gewesen, die sie gerade beendet hatte.

Ohne ihre Augen zu schließen, betete sie leise: „Herr, ich kann diese Hand annehmen, aber ich kann meine Gefühle nicht ändern. Das musst du in mir bewirken."

Dann hob sie ihren Arm und nahm seine ausgestreckte Hand in die ihre. Ihre Augen sahen sich gegenseitig an. Ein plötzliches Gefühl von Wärme entstand in ihrem Arm und ging in ihren ganzen Körper über. Corries Bitterkeit war gewichen.

„Ich vergebe Ihnen von ganzem Herzen", sprach sie bewegt. Sie war selbst über ihre Worte erstaunt. Mit Tränen in den Augen schaute sie ihm nach, als er von ihr ging. Das war Vergebung!

\* \* \*

„Herr Rahms, ach wie freue ich mich, Sie zu sehen!", begrüßte ihn Corrie. Dies war einer der Deutschen, denen Corrie gerne auf ihren Reisen begegnen wollte. Und nun war es wahr geworden. Auge in Auge standen sie sich gegenüber.

Er sah viel älter aus, aber in seinem Ausdruck lag noch die gleiche Freundlichkeit seines Wesens.

Sie sprachen miteinander, und dann fragte Corrie ihn: „Sagen Sie es mir bitte, haben Sie Jesus als Ihren Retter angenommen?"

„Nein", antwortete er ihr, „aber ich habe nie vergessen, was Sie mir erzählt haben. Auch Betsies Gebete sind mir noch in Erinnerung."

Mit bewegten Worten sprach Corrie zu ihm über das Licht, das Jesus selber ist. Wie schön wäre es, wenn er ihn in sein Leben einließe. Damit wäre ihr großes Sehnen erfüllt. Es war jedoch schwer für ihn, sich diese Notwendigkeit einzugestehen, denn er hat immer sein Bestes gegeben. Dann aber verstand er doch Corries Anliegen.

Zur großen Freude von Corrie betete er zu Jesus, dass er in sein Leben kommen möchte.

\* \* \*

Corrie war wieder in Darmstadt. Der deutsche Rechtsanwalt holte sie am Bahnhof mit einem Auto ab, das nur für ihn zugelassen war.

„Wie geht es Ihnen?", fragte ihn Corrie.

„Gut", lautete seine Antwort. „Und ich will Ihnen noch mitteilen, dass ich meine Bitterkeit an Gott abgegeben habe. Er hat mich mit seiner Liebe erfüllt. Nun arbeite ich in einem Flüchtlingslager und entdecke, dass Gott sogar einen Beinamputierten gebrauchen kann."

„Das sind ja wunderbare Nachrichten", strahlte Corrie.

Ein Schatten fiel auf das Gesicht des Mannes, als er fragte: „Ist Ihre Verbitterung manchmal wieder auf Sie zurückgekommen, nachdem Sie sie an Gott abgegeben hatten?"

„Aber ja!", gestand ihm Corrie. „Immer mal wieder. Dann aber habe ich sie ihm jedes Mal zurückgegeben. Ich vertraue auf den Sieg Jesu, und dann werde ich wieder ruhig und habe Frieden in meinem Herzen."

Das Gesicht des Rechtsanwalts hellte sich auf, als er darauf antwortete: „Oh, ich freue mich, dies zu hören. Wenn mich Hass und Verbitterungen quälen wollen, will ich es Ihnen gleichtun, und zwar jetzt sofort."

\* \* \*

Corrie wachte in einem etwas seltsamen Hotelzimmer auf. Für einen Augenblick wusste sie nicht, wo sie war. Dann erinnerte sie sich wieder an den Namen der Stadt und an Einzelheiten ihres Vortragstreffens, die sie regeln musste.

„Ich frage mich, wie lange es der Herr will, dass ich dieses Zigeunerleben führen soll", wunderte sie sich.

Waren wirklich schon mehr als dreißig Jahre nach dem Krieg vergangen? Sie dachte über die Jahre ihrer Reisetätigkeit nach. Manchmal war sie allein, manchmal begleitete sie auch eine liebe Freundin.

Zweimal rund um die Welt war sie gereist, hatte jeden Kontinent und mehr als sechzig Länder besucht.

„In tausend verschiedenen Betten habe ich geschlafen, und nicht alle waren herrlich bequem und angenehm wie dieses hier, in dem ich gerade liege", sprach sie mit sich selbst und musste an all die Nächte denken, wo sie auf Strohmatten oder auf Lehmböden in Indien gelegen hatte.

„So viele Vortragstreffen!", überlegte sie. Es gab kleine und große Versammlungen in Heimen, Kirchen, Hallen, Gefängnissen, Straßen, Theatern, Universitäten, Stadthallen, Stadien. Immer ging es um dieselbe Botschaft von Liebe und Versöhnung. Es gab jetzt auch Bücher und Filme von ihr, die dieses Thema zu Millionen von Menschen trug, denen sie nie hätte begegnen können.

Doch nun plagte sie das Heimweh nach Holland. In all den Jahren war sie schon oft zu Hause gewesen, um ihre Familie, Freunde, ihr Heim in Bloemendaal und noch andere Zentren zu besuchen, die für Geschädigte des Krieges zur Rehabilitation errichtet worden waren. Als die Heime später nicht mehr für diesen Zweck gebraucht wurden, zogen geistig behinderte Kinder und auch andere Menschen, die besonders Hilfe nötig hatten, dort ein.

Willem war nicht lange nach Ausgang des Krieges gestorben und Nollie erst kürzlich. Aber Corrie fühlte sich sehr dem Rest ihrer Familie und ihrer Heimat verbunden.

Sie war stolz auf Holland, dass es die alten Traditionen bewahrt hatte und sich zugleich auch für neue Wege öffnete, so dass es nun mit andern Ländern auf dem Weltmarkt Schritt halten konnte. Es konnte sogar Anregungen über Planungen der immer größer werdenden Städte vermitteln. Es kämpfte gegen die Luftverschmutzung und organisierte große Handelsgesellschaften. Jedes Mal, wenn Corrie wieder nach Holland kam, sah sie neue Zeichen des Fortschritts.

Auf einem ihrer Besuche traf sie auch Prinzregentin Wilhelmina und sprach mit ihr. Diese beabsichtigte abzudanken, damit ihre Tochter Juliane Königin werden konnte.

„Wie stolz wäre Vater gewesen, wenn er das noch hätte erleben können, dass seine Tochter die Ehre hatte, mit dieser großartigen Prinzregentin zu sprechen", dachte Corrie.

Sie konnte sich nicht daran gewöhnen, dass sie rund um die Welt durch ihre Bücher und Filme bekannt war. Sie selbst fühlte sich immer noch als die Tochter des Uhrmachers in Haarlem. Aber das kleine Haus und der Uhrenladen waren nun nicht mehr ihr Zuhause. Es diente als Museum, zu dem Menschen aus der ganzen Welt kamen, um es zu besuchen. Dafür aber war sie überall in der Welt ein willkommener Gast. Obgleich sie diese Orte liebte und überall Freunde hatte, wusste sie, dass ihre Heimat ganz woanders war. Immer öfter musste sie in diesen Tagen an einen Spruch denken, den ihr Vater sehr liebte:

*„Wenn Jesus deine Hand ergreift, hält er dich fest.*
*Wenn er dich festhält, führt er dich durch das Leben.*
*Wenn er dich durch das Leben führt, dann bringt er dich sicher nach Hause."*

Nach dieser Heimat sehnte sie sich. Bis Jesus sie jedoch nach Hause holen würde, musste sie für ihn hier auf dieser Erde wirken.

Sie stand auf aus ihrem Bett, kleidete sich an, betete und überlegte, was sie den Menschen auf der heutigen Versammlung sagen wollte.

„Herr", betete sie, „fülle mich mit deinem Heiligen Geist! Ich möchte gerne, dass sie Jesus als Sieger sehen. Amen."